每一卷所提及的主要時代①	第一卷 史前時代～約西元前400年	第二卷 約西元前300年～5世紀	第三卷 約西元前1200年～10世紀	第四卷 4世紀～16世紀	第五卷 10世紀～15世紀	第六卷 13世紀～18世紀

200　3　300　4　400　5　500　6　600　7　700　8　800　9　900　10　1000

渤海
遼（契丹）
鮮卑　柔然　突厥　東突厥　西突厥　維吾爾　吉爾吉斯
三國　西晉　五胡十六國　東晉　南北朝　隋　唐　五代　宋（北宋）　十國
三韓（馬韓、辰韓、弁韓）　百濟　加羅（伽倻）　高句麗　新羅　高麗
古墳時代　奈良時代　平安時代

諫義里王國
伽色尼王國

貴霜帝國　笈多王朝　薩曼王朝
薩珊波斯帝國　伍麥葉王朝　伊斯蘭帝國（阿拔斯王朝）
羅馬帝國　拜占庭帝國（東羅馬帝國）　伊斯蘭諸國　法蒂瑪王朝
阿克蘇姆帝國　（迦納帝國）

羅馬帝國　倫巴底王國　中法蘭克王國（義大利）
西羅馬帝國　東法蘭克王國（德國）　神聖羅馬帝國
法蘭克王國
勃艮第王國　西法蘭克王國（法國）　卡佩王朝
羅馬帝國　西羅馬帝國　西哥德王國　伊斯蘭諸國
盎格魯—撒克遜七國時代　英格蘭王國　蘇格蘭
基輔大公國　諾夫哥羅德公國　波蘭王國
丹麥・挪威・瑞典三王國

原住民的部族社會
（馬雅文明）

200　3　300　4　400　5　500　6　600　7　700　8　800　9　900　10　1000

第1卷提供協助的諸先進

監修
早稻田大學文學學術院 教授
早稻田大學埃及學研究所 所長
近藤二郎

1章監修
日本國立科學博物館 地學研究部 生命進化史研究團隊主任、理學博士
真鍋　真

2章監修
日本國立科學博物館名譽研究員
馬場悠男

漫畫
加藤廣史

原作
南房秀久

裝訂、內文設計
修水

解說插畫
Plough21

提供照片、資料及協助（全系列）
山田智基・PPS通信社／amanaimages／時事通信社／時事通信PHOTO／
每日新聞社／AFP／EPA／Bridgeman Images／C.P.C.Photo／學研資料課

主要參考資料等
世界歷史（中央公論新社）／圖像版 世界歷史（白揚社）／圖說 世界歷史（創
元社）／詳說 世界史研究／世界史用語集／世界史人名辭典／詳說 世界史圖
錄（以上為山川出版社）／PUTZGER歷史地圖（帝國書院）／角川 世界史辭
典（角川書店）／世界史年表・地圖（吉川弘文館）／人類進化大圖鑑（河出
書房新社）／人類進化的祕密（學研）／武器甲冑圖鑑（新紀元社）／人們的生
活（評論社）／美索不達米亞文明／古埃及（以上為教育社）　其他不及備載

編輯協助
銀杏社

解說編輯協助及設計
Plough21

校閱・校正
聚珍社／秋下幸惠

編輯人員（學研PLUS）
小泉隆義／高橋敏廣／渡邊雅典／牧野嘉文

:: 監修
早稻田大學文學學術院 教授
早稻田大學埃及學研究所 所長
近藤二郎

:: 漫畫
加藤廣史

:: 原作
南房秀久

:: 翻譯
李彥樺、卓文怡

:: 審訂
成功大學歷史學系 專任教授
翁嘉聲

NEW

全彩漫畫

世界歷史

World History

1

史前時代與古代近東

本書注意事項

① 「時代總結」中的各符號代表意義：血→世界遺產、!→重要詞句、▲→重要人物、
♬→美術品、遺跡。

② 「時代總結」中的重要詞句以粗體字標示，附解說的重要詞句以藍色粗體字標示。

③ 同一語詞若出現在兩處以上，將依需要標注參考頁碼。

④ 年代皆為西元年。西元前有時僅標
記為「前」。11世紀以後的年代除
了第一次出現外，有時會以末尾兩
位數標示。

⑤ 人物除了生卒年之外，若是王、皇帝或總統，會標記在位（在任）期間，標記方式為
「在位或在任期間○○～○○」。

⑥ 國家或地區名稱略語整理如下：

英：英國／法：法國／德：德國／義：義大利／西：西班牙／奧：奧地利／荷：荷蘭
普：普魯士／俄：俄羅斯／蘇：蘇聯／美：美利堅合眾國／加：加拿大／土：土耳其
澳：澳洲／印：印度／中：中國／韓：韓國（大韓民國）／朝：朝鮮／日：日本／歐：歐洲

給家長的話

本書中的漫畫部分雖盡量忠於史實，但有些對話、服裝與背景已無佐證資料，因此在編劇與描
繪上以吸引孩子的興趣為主要考量。漫畫中提及的典故、年號或名稱經常有不同說法，本書盡
可能採用一般人較熟悉的說法。若有艱澀難懂的詞句，會在欄外加入解說。值得注意的是，有
些詞句或表現方式在現代人眼中帶有歧視意味，但為了正確傳達當時社會狀況，將依情況需要
予以保留。

哦，是你們三個？

放學了還留在圖書室，真是勤奮好學啊。

渡邊理

老師！

小知識

美國天文學家哈伯（1889～1953年）在1929年藉由觀測變星（亮度會改變的星星），發現宇宙中的銀河及銀河團等天體之間的距離正不斷拉大，且遠離的速度和相互之間的距離成正比。這個發現證明了宇宙正在不斷膨脹。

是啊，順便準備一下理化的上課資料。

今晚你也要留在學校觀測天文嗎？

你們呢？

我們也是在整理資料。

那兩個傢伙害我們必須上臺發表歷史報告。

才不是我的錯！

都怪這傢伙在上社會課時打電動，我只是好心提醒他，沒想到連我也被老師罵了……

拿椅子亂揮叫「好心提醒」嗎？

宇宙歷史推估約有138億年，而人類的歷史只有約20萬年。若將宇宙歷史當成1年來看，人類必須等到除夕夜晚上11點52分才會誕生。

我跟他們同一組，所以也受到連累。

「人類誕生前的歷史」

就是老師要我們發表的題目。

原來如此……

歷史真是無聊。

都是一些已經過去的事。

我現在就讓你變成歷史！

好了、好了。

不如我來幫你們吧！

反正距離天黑還很久。

你是理化老師，哪懂什麼歷史啊？

太過分了！

小知識

成書於 8 世紀的日本史書《日本書紀》中，描述世界剛開始是各式各樣的物質混雜在一起的渾沌狀態。後來清澈美麗的物質上升為天，沉重混濁的物質下降為地，諸神皆誕生於其中。

歷史的起源與理化可是有很深的關係呢！

歷史的起源是指什麼時候？

不就是人類的起源嗎？

應該是宇宙的起源吧？

宇宙的起源？那太抽象啦。

從前的人可是一直在思考這個問題呢！

世界是怎麼誕生的？

大海是怎麼出現的？

大地？山川？樹木花草？宇宙呢？

這是個很吸引人的話題，對吧？

你別胡鬧了！

那麼從前的人是怎麼想的？

每個國家、地區都不一樣。

7

希臘詩人赫西俄德*2所寫的詩歌中，描述世界剛開始只有卡俄斯（渾沌）及蓋亞（大地），

後來卡俄斯中誕生了厄瑞玻斯（黑暗）及倪克斯（黑夜），倪克斯（黑夜）中誕生了埃忒耳（光明）和赫墨拉（白晝）。

古埃及人認為最初的大海（努恩）中誕生了第一位神明亞圖姆，

亞圖姆生下泰芙努特（溼氣）和舒（大氣），這兩位神明又生下蓋布（大地）及努特（天空）。

古巴倫人*1認為馬爾杜克神撕裂了海水女神迪亞馬特，

從中誕生了大地和天空。

＊1 巴比倫：位於西亞底格里斯河、幼發拉底河的下游地區。

＊2 赫西俄德（約西元前700年）：古希臘詩人，著有《神譜》。

北歐人認為是火焰和冰塊碰撞產生了巨人尤彌爾，諸神殺死尤彌爾，以其身體創造了宇宙。

中國人認為最初有個叫盤古的巨人。盤古死亡時，左眼成了太陽，右眼成了月亮。

猶太教、基督教認為神先創造了光，區分出了白天和黑夜，

小知識

日本奈良時代的史書《古事記》中描述伊邪那岐神及伊邪那美神創造了日本列島。他們站在天浮橋上，以長矛攪拌大海，矛尖滴下的海水聚集成了一座島，名為淤能碁呂島。接著他們在島上豎立一座柱子，一起繞著柱子走，產下了日本列島的諸島嶼。

人類誕生於流木之中，居住在名為米德加爾特的土地上。

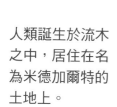

鮮血成了大海，頭髮成了草木，眼淚成了河川。

接著，花六天的時間創造了世界和萬物，第七天休息。

小知識

太陽系的行星可分為三大類。第一類由岩石組成，如地球、水星、金星、火星；第二類由氣體組成，如木星及土星；第三類由冰塊組成，如天王星及海王星。

最後一個我知道！這就是一星期有七天的由來！

當初神怎麼不休息久一點……讓星期天更長。

如果撇開這些傳說，宇宙到底是怎麼誕生的？

真正的起源嗎？

目前的宇宙物理學認為宇宙起源於一場大爆炸*。

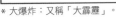

＊大爆炸：又稱「大霹靂」。

大爆炸？

在原本既沒有時間也沒有空間的地方，誕生了一個小小的宇宙，這個宇宙以驚人的速度開始向外膨脹……

這就是大爆炸。

大約發生於 **138億年前**。

138億年前……

剛誕生的第一秒，宇宙的溫度約有100億℃。

100億℃？

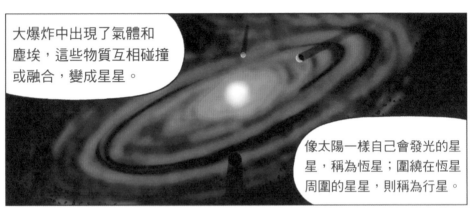

大爆炸中出現了氣體和塵埃，這些物質互相碰撞或融合，變成星星。

像太陽一樣自己會發光的星星，稱為恆星；圍繞在恆星周圍的星星，則稱為行星。

而地球則誕生在——

大約距今46億年前！

剛誕生的地球遭到大量隕石撞擊，地表因高溫而形成岩漿之海。

經過很長時間後，地球表面的溫度慢慢下降。

小知識

月球誕生的時間與太陽系相近，大約在46億年前。目前學界主流說法是，當時有一顆和火星差不多大的星星撞上了剛誕生的地球，飛散的碎片凝聚在一起而形成了月球。地球跟月球的組成物質相當類似，也是這個緣故。

12

表面溫度下降後…… 你們猜會帶來什麼結果？

地球變冷嗎？

? 水會維持液態，不會蒸發成氣體？

古代的生物屍骸並非全部都會變成化石。大部分屍骸會成為其他生物的食物，或被細菌分解。只有沉入海底、湖底，或上頭堆積了砂石、汙泥的屍骸，才有可能變成化石。

沒錯！地球溫度下降後，誕生了大海！

我猜對了！

那不就會窒息？

嗚嗚～好痛苦～

不過這時期地表上的氧氣含量還相當稀少。

耍寶。

老師，請繼續說。

地表逐漸出現各種物質，而且結構越來越複雜，終於形成最初的生命體。

啵……

有人說發生在38億5千年前，也有人說發生在35億年前。

13

原來有這麼久以前的化石……

目前已知最古老的化石，存活於34億年前。

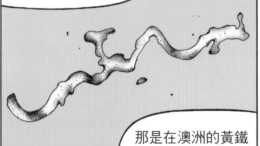

請問什麼是化石？

那是在澳洲的黃鐵礦脈中發現的一種細菌。

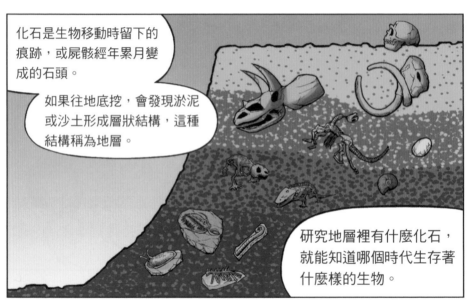

化石是生物移動時留下的痕跡，或屍骸經年累月變成的石頭。

如果往地底挖，會發現淤泥或沙土形成層狀結構，這種結構稱為地層。

研究地層裡有什麼化石，就能知道哪個時代生存著什麼樣的生物。

化石和地層就像眼睛看得見的歷史！

我剛剛說的細菌化石，就象徵著生命剛誕生時的歷史。

它看起來就是一顆普通的石頭。

那是因為細菌本身的體積不到1/100公釐。

大約27億年前，出現了能行光合作用的藍綠藻[*1]。

澳洲有種名為疊層石的石頭，

正是這種生物不斷累積所形成。

看起來像糕餅！

對啊

小知識

「臭氧」是紫外線接觸空氣中的氧氣時所產生的淡藍色氣體，帶有類似大蒜的獨特氣味。這是一種有毒氣體，但存在於地表上空10公里至50公里處的臭氧層卻發揮了阻擋紫外線、保護地表動植物的效果。

*1 藍綠藻：又稱為藍細菌或藍藻，是一種不具明顯細胞核的單細胞生物，能行光合作用。

接著在21億年前，

出現了擁有複數細胞的多細胞生物！

大氣中的氧氣增加，地球也跟著變冷，至少有三次結冰的紀錄。

最後的凍結期結束後，地球再度變得溫暖，各種生物也開始誕生！

大約5億7000萬年前，誕生了類似水母的埃迪卡拉生物群*1……

後來又出現了外骨骼生物——

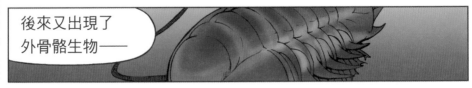

咿！

也就是身體表面有著硬殼的生物。

這時大約是5億4200萬年前。

進入了名為寒武紀*2的時期！

16

這時期出現了許多與過去完全不同的生物，

這個現象被稱為寒武紀生命大爆發*3！

這個好酷啊！

這種生物稱為奇蝦*4，

體積較大的可長達1公尺。

終於出現看起來像怪獸的生物了！

寒武紀生命大爆發，太讚了！

根據近年來的研究，生物種類早在12億年前就有爆發性的增加。

但在寒武紀的時候，確實出現許多像奇蝦這樣擁有甲殼的生物。

反正「爆發」就對了，何必鑽牛角尖！

17

陸地上有動物嗎？

為什麼？

這時期的陸地還不適合生物居住。

一來太陽光的殺傷力太強，二來沒有食物。

但是到了大約4億5000萬年前的古生代*1奧陶紀*2和志留紀*3之間，

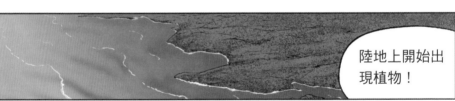

陸地上開始出現植物！

只有植物？

這可是個重大突破！

植物能行光合作用！

因此才能率先在陸地上生存。

初期的陸地植物 頂囊蕨*4

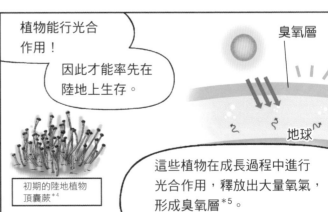

臭氧層

地球

這些植物在成長過程中進行光合作用，釋放出大量氧氣，形成臭氧層*5。

*1 古生代：約5億4200萬年前至2億5100萬年前的年代。這段時期由先至後又可分為寒武紀、奧陶紀、志留紀、泥盆紀、石炭紀、二疊紀。
*2 奧陶紀：約4億8800萬年前至4億4400萬年前的年代。
*3 志留紀：約4億4400萬年前至4億1600萬年前的年代。
*4 頂囊蕨：在約4億3000萬年前的地層中發現化石的古代植物。高約數公釐至75公釐，沒有根及葉，靠胞子來繁殖。
*5 臭氧層：指地表上空10公里至50公里處含有臭氧的大氣層，能吸收太陽的紫外線。

臭氧層吸收了對生物細胞具有殺傷力的紫外線，

太陽光對地表生物的危害因而逐漸降低。

如此一來，動物就能登上陸地生活。

植物成為動物的糧食，動物則成為植物散布種子的媒介，雙方數量都不斷增加。

進入石炭紀*6後，甚至出現了熱帶雨林。

*6 石炭紀：約3億5900萬年前至2億9900萬年前的年代。

原來植物帶來這麼多好處！

爬上陸地的動物一定很可愛吧？

目前已知最古老的陸地動物屍骸化石，發現於志留紀末期。

喔？

*7 節肢動物：無脊椎動物底下的一門，特徵為分節的肢體。如昆蟲、蜈蚣、馬陸、蜘蛛、甲殼類動物等。

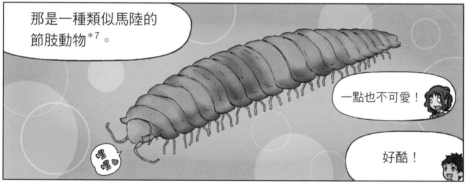

那是一種類似馬陸的節肢動物*7。

嘿嘿

一點也不可愛！

好酷！

恐龍快登場了吧？

沒那麼快，恐龍的誕生得等到脊椎動物出現以後。

奇蝦意思是「奇妙的蝦子」，因為牠獨特的觸手看起來很像蝦子的腹部。奇蝦獵食的方式應該是以觸手拉住獵物，再以強而有力的牙齒咬死對方。

[*]1 泥盆紀：約4億1600萬年前至3億5900萬年前的年代。

在泥盆紀^{*1}時期，魚類是海中的老大！

鄧氏魚全長可達10公尺。

太帥了！

某些化石可以成為中藥材，稱為「龍骨」，據說具有鎮定精神的療效，目前依然可在市面上找到。因為這個緣故，有些珍貴的化石是在中藥店裡被發現的。由於化石數量有限，學界擔心化石終有一天會被挖光。

*2 棘螈：最原始的兩棲類動物，生存於泥盆紀後期。由於身體像魚，大部分時間應該在海中生活。

有些魚類的鰭演化成為適合步行的形狀！

棘螈^{*2}

魚石螈^{*3}

牠們是兩棲類動物的祖先！

*3 魚石螈：生存於泥盆紀後期的原始兩棲類動物。主要生活環境應該在淺水之中。

兩棲類動物擁有肺，能在陸地上呼吸，因此逐漸爬上陸地。

進入石炭紀時，牠們是陸地上的主角！

昆蟲的祖先也在這時期大量出現。

巨脈蜻蜓*4

嗚嗚……好可怕！

現代要是有這麼大的昆蟲的話……

陸地變成了昆蟲和兩棲類的王國？

*4 巨脈蜻蜓：蜻蜓的祖先，翅膀可長達70公分。

*5 林蜥：生存於石炭紀後期的原始肉食性爬蟲類，全長約20公分。

*6 二疊紀：約2億9900萬年前至2億5100萬年前的年代。

這裡頭還有最原始的爬蟲類林蜥*5呢！

咦？在哪裡？

這裡。

好小！

但兩棲類的繁榮時期在石炭紀之後的二疊紀*6末期突然結束了。

轟

轟

因為火山噴出大量岩漿，地球上的生物約九成以上都滅絕了！

*1 合弓類：一部分成為哺乳類祖先的四肢動物。

*2 水龍獸：生存於三疊紀後期的合弓類動物，全長約1公尺。

*3 曙奔龍：生存於三疊紀後期至三疊紀前期的原始恐龍，全長約1公尺。

*4 中生代：約2億5100萬年前至6600萬年前的年代。這段時期由先至後又可分為三疊紀、侏儸紀、白堊紀。

*5 三疊紀：約2億5100萬年前至2億年前的年代。

*6 主龍類：爬蟲類的分支之一，底下包含鳥類、鱷魚、恐龍等。

*1 劍龍：生存於侏儸紀後期的草食性恐龍，背上有菱形骨板。

*4 暴龍：生存於白堊紀後期的恐龍，屬於最大級的肉食性恐龍，特徵是粗大的牙齒和強壯的後腿。

*6 甲龍：生存於白堊紀後期的草食性恐龍，全長9公尺，身上布滿宛如盔甲般的鱗片，尾巴像鐵槌的形狀。

*2 異特龍：生存於侏儸紀後期的肉食性恐龍，全長8～12公尺，擁有巨大的鉤爪。

*3 始祖鳥：生存於侏儸紀後期的原始鳥類，全長約50公分。

*5 三角龍：生存於白堊紀後期的草食性恐龍，全長6～7公尺，擁有巨大的角及裝飾骨板。

看，就在那裡！

再次回到三疊紀

那是由合弓類動物演化而來的一種原始哺乳類！

牠的名字叫隱王獸*1，意思是「不起眼的王」。

好小好可愛！

*1 隱王獸：學名Adelobasileus，生存於三疊紀後期的原始哺乳類動物，全長10～14公分，以昆蟲為食物。

哺乳類的祖先誕生於中生代三疊紀後期，一直過著東躲西藏的生活，

這是為了避免成為恐龍的食物。

現在已經沒有恐龍了吧？這又是為什麼？

那是因為……

我知道！我知道！

小知識

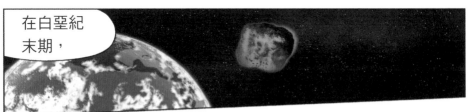

轟轟轟

轟轟

滔天巨浪淹沒了地表上所有生物。

塵埃和煤灰瀰漫在空氣中，

遮蔽了日光，導致溫度大幅降低。

中生代和新生代的地層交界線，以前叫K—T線，近來被稱為——

K—Pg線*1。

*1
K—Pg線：指白堊紀末期生物大量滅絕的地層境界線。K是德語的「Kreide」（白堊紀），Pg是英語的「Paleogene」（古近紀）。

不僅恐龍，

地球上絕大部分生物都死亡了！

此時存活下來的生物，

是原本只能偷偷摸摸躲在暗處的

哺乳類動物。

小知識

繁榮於古代的動植物之中，有些一直延續到了現代，這些動植物被稱為「活化石」。最有名的活化石為腔棘魚及三棘鱟。距離一般人日常生活最近的活化石，則是經常被當作行道樹的銀杏樹。全世界到處都有銀杏的化石，但銀杏樹是銀杏門現存的唯一物種。

光的傳播速度為每秒2億9979萬2458公尺，大約相當於秒速30萬公里，可繞赤道七圈半。

幸好這些小傢伙還活著，

真是辛苦你們了！

從前因為岩漿噴發而造成生物大滅絕時，存活下來的不也是原本躲躲藏藏的合弓類動物嗎？

沒錯，
歷史是會重演的。

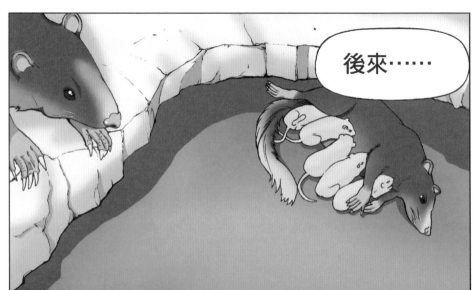

後來……

哺乳類的種類越來越多，棲息環境也涵蓋叢林、草原、沙漠、大海和天空。

巨犀*1

哺乳類成為新的陸地霸主！

漸新馬*2

*1 巨犀：古近紀漸新世（約3400萬～2300萬年前）最巨大的哺乳類動物。肩高4公尺50公分，以樹葉為食物。

*2 漸新馬：漸新世中期的哺乳類動物，肩高60公分。屬於馬的近親，有三根腳趾，為了方便奔跑，中間的腳趾變得像蹄一樣大。

人類也包含在這裡面！

原來如此。

話是這麼說沒錯，

但我還是很難想像。

這些距離我太遙遠了，那時我還沒出生呢！

如果你這麼想的話……

請跟我來。

那顆星星是天琴座的織女星。

與地球的距離為25光年，也就是以光的速度要走25年。

31

以光的速度要
走25年？

聽起來好不
可思議！

我今年25歲，那顆星星
的光芒就是在我出生那時
釋放出來的。

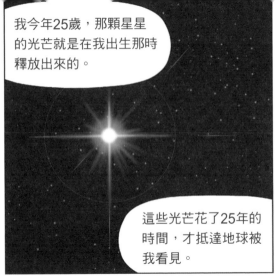

這些光芒花了25年的
時間，才抵達地球被
我看見。

不會吧？

就算是最近的半人馬座中的「南
門二」星，現在我們看見的也是
4年又5個月前釋放出的光芒。

哇……

這麼說來，這裡面也有幾萬
年、幾億年前的星光？

當然有。

好浪漫啊……

我們現在看見的星光，有些來自恐龍的時代，

有些甚至來自於地球剛誕生的時代。

這表示我們跟過去是聯繫在一起的？

沒錯！

過去距離我們絕不遙遠！

組成人類的物質之中，有些誕生於恆星（會自行發光的星星）內部。不管人類或其他生物，甚至是整個地球，都是從前在宇宙中某處閃耀過的恆星碎塊所凝聚而成。美國天文學家卡爾‧薩根（1934～1996年）曾說：「我們都是由星星碎片所組成。」

小知識

33

老師！

喔？

三人再次聚集，
這次的主題是「人類的歷史」。
數百萬年前，生存著人類與黑猩猩的
共同祖先。
如今我們將探究其演化的歷史！

發表順利嗎？

大受好評呢！

老師說我們是其他
同學的榜樣。

還叫我們再發表
另一個主題。

怒

新的主題是「人類的誕生」！

老師，你要幫我們！

但人類學不是我擅長的領域。

老師，我們班導師可是西川董老師呢！

你應該知道吧？

咦？

本來打算老師願意幫忙，就偷偷告訴他關於董老師的祕密……

祕……祕密？

真是拿你們沒轍……

啪啪

♪ 慌張 慌張

太好了！

發現ＤＮＡ為雙股螺旋結構的莫里斯・威爾金斯，在第二次世界大戰期間曾為美國研究原子彈。另一位共同發現者弗朗西斯・克立克，也曾為英國海軍研發水雷。

如今我們所說的現代人，也就是生物學上的人類，學名為「Homo sapiens」。

Homo sapiens

這是拉丁語，意思是「有智慧的人」。

有智慧的人？

肯定不包括這傢伙！

……

什麼是拉丁語？

如今在梵蒂岡，拉丁語依然是官方語言。

那是一種古老的語言。現在的法語、西班牙語和義大利語都源自於拉丁語。

梵蒂岡是世界上最小的國家，位在義大利的羅馬市內。

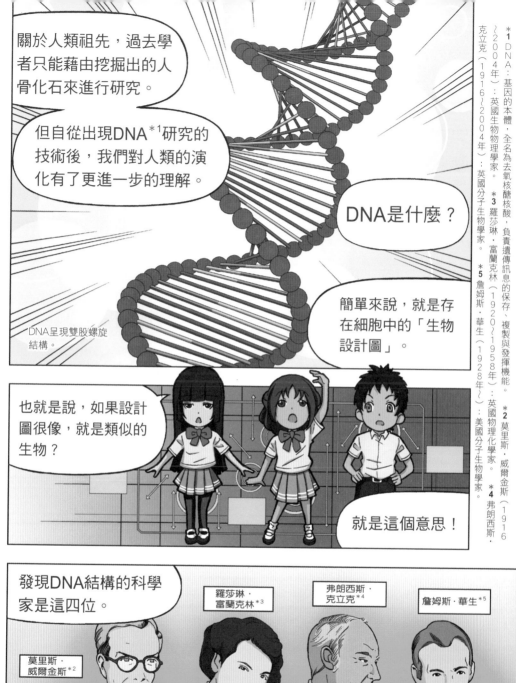

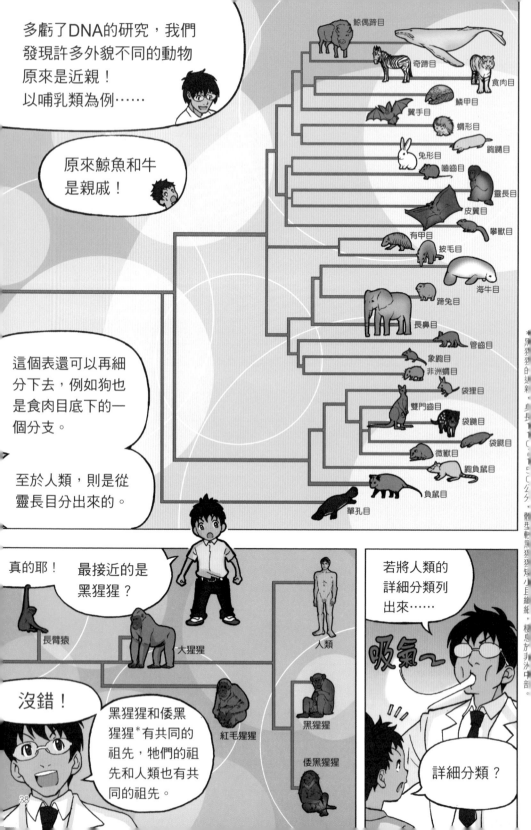

哺乳綱真獸下綱北方真獸類靈長總目真靈長大目靈長目簡鼻亞目狹鼻小目人猿總科人科人亞科人族人屬人！

呼……
終於念完了！

太長了吧！

原來我們是這種像咒文一樣的生物……

大約700萬至600萬年前，人類和黑猩猩開始出現差異，演化成原始的人類。

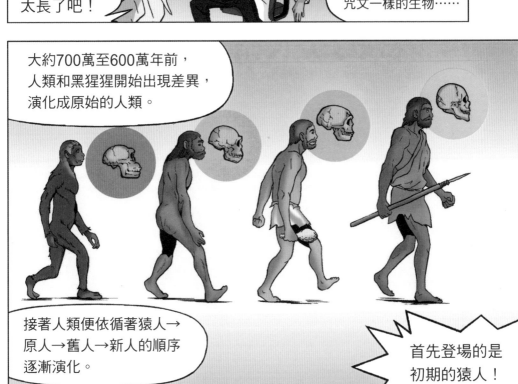

接著人類便依循著猿人→原人→舊人→新人的順序逐漸演化。

首先登場的是初期的猿人！

査德沙赫猿人*1
（圖邁猿人）！

這是目前已知最古老的人類。

大約600萬年前的圖根原人*2。

在肯亞發現大腿骨、牙齒等。

大約550萬年前的卡達巴地猿*3。

1997年在衣索比亞的阿瓦什河中游流域發現指骨等。

大約440萬年前的拉米達地猿*4。

2001年於非洲查德共和國內發現頭顱化石。

發現於1992年，地點與卡達巴地猿同樣在阿瓦什河附近。

＊1 查德沙赫猿人：約700萬至600萬年前的猿人，目前只找到頭顱化石，並未發現身體。居住環境似乎是靠近水邊的草原或森林。

＊2 圖根原人：有學者認為這是最先開始以雙腿行走的人類祖先，又名千禧人、千禧猿、土根猿。

＊3 卡達巴地猿：擁有巨大且突出犬齒的猿人。

＊4 拉米達地猿：身高約1.2公尺、體重約50公斤的猿人。出土的骨骼相當完整。

40

大約370萬年前，出現了
阿法南方古猿*5。

1974年，衣索比亞哈達爾村附近
一具阿法南方古猿化石出土，當
時發現的骨頭占全身骨骼40％。

在此之前，考古學家從未發現過
如此完整的化石。這具化石被
取名為「露西」。

坦尚尼亞的利特里還出土
了雙腿行走的足跡化石。

發現化石的阿瓦什河下游一帶
在1980年被列入世界遺產。

露西……這麼說
是名女性？

這就是現今人
類的祖先嗎？

長得跟你
媽媽真像！

不過有些學者認為查
德沙赫猿人和圖根原
人還稱不上是人類。

戳

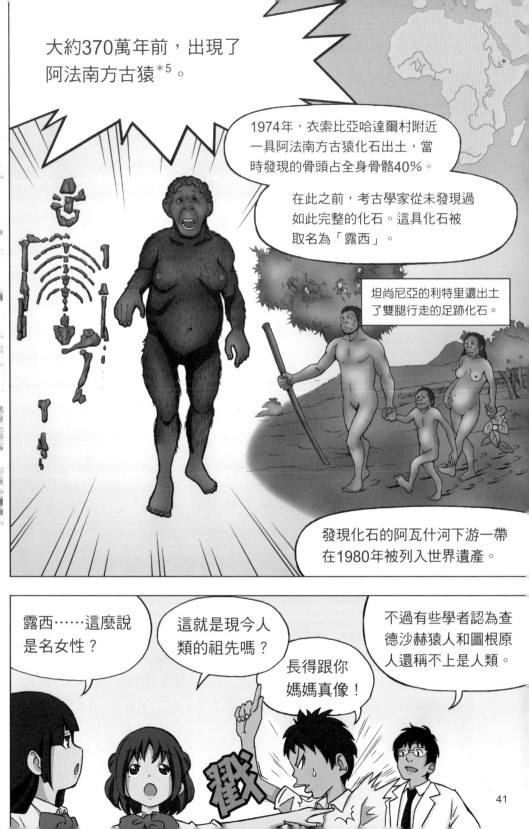

之後又歷經以下這幾種猿人，人類才逐漸進入原人時代。

巧人算是猿人還是原人，學者的看法並不相同。

*1 非洲南方古猿：約300萬至240萬年前的猿人。發現於南非的洞窟之中。男性身高約1.35公尺，女性約1.1公尺。

非洲南方古猿*1

鮑氏傍人*2

巧人*3

直立人*4
180萬年前～20萬年前

這些直立人似乎已開始使用石器*5。

簡直像人類一樣。

*4 直立人：1891年於現今印尼爪哇島出土的原人化石。身高約1.6至1.8公尺。懂得使用火和石器。

*5 石器：以石頭製成的道具，如石斧、石刀等。

直立人可是和我們現代人一脈相承的祖先喲。

咦？我們的祖先？

沒錯，而且原人的體格和猿人已有極大不同。

| 現代人 | 原人 |

越來越像我們現代人了。

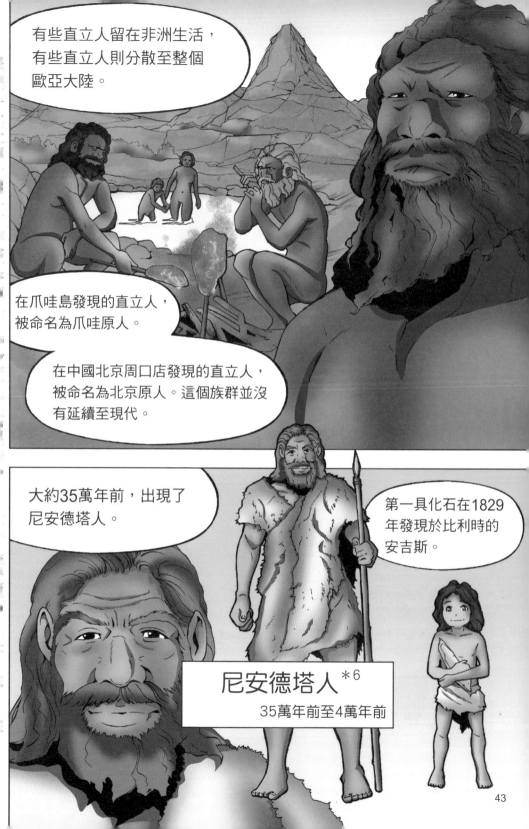

有些直立人留在非洲生活，有些直立人則分散至整個歐亞大陸。

在爪哇島發現的直立人，被命名為爪哇原人。

在中國北京周口店發現的直立人，被命名為北京原人。這個族群並沒有延續至現代。

大約35萬年前，出現了尼安德塔人。

第一具化石在1829年發現於比利時的安吉斯。

尼安德塔人 *6
35萬年前至4萬年前

43

約60萬年前至50萬年前，非洲的直立人演化成為海德堡人。一部分海德堡人遷徙至歐洲，並演化成尼安德塔人。而遺留在非洲的海德堡人則演化成為智人。

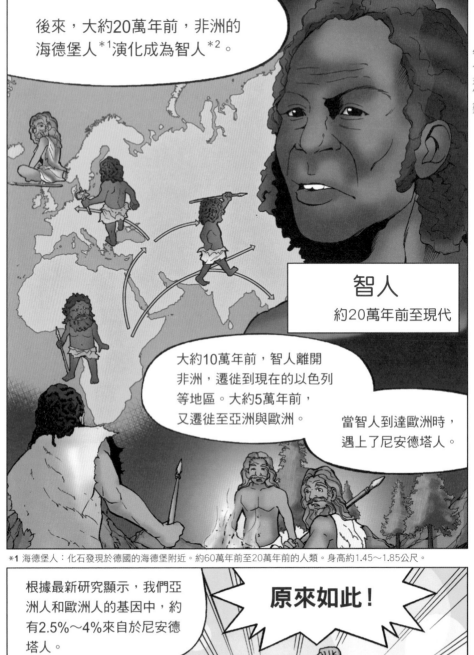

後來，大約20萬年前，非洲的海德堡人 *1 演化成為智人 *2。

智人
約20萬年前至現代

大約10萬年前，智人離開非洲，遷徙到現在的以色列等地區。大約5萬年前，又遷徙至亞洲與歐洲。

當智人到達歐洲時，遇上了尼安德塔人。

*1 海德堡人：化石發現於德國的海德堡附近。約60萬年前至20萬年前的人類。身高約1.45～1.85公尺。

根據最新研究顯示，我們亞洲人和歐洲人的基因中，約有2.5%～4%來自於尼安德塔人。

原來如此！

尼安德塔人居住在歐洲至中亞一帶，擁有獨特的文化。

他們懂得運用石器和火，且會將死去的同伴埋入土中。

但是……

口達口達口達

口達口達口達口達口達

尼安德塔人的狩獵技巧遠不如智人。

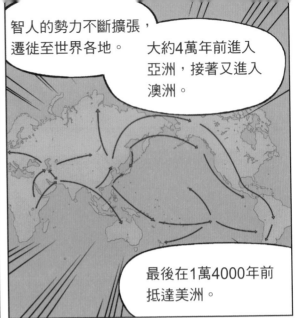

小知識

1974年出土的阿法南方古猿被命名為「露西」，據說是因為當時挖掘現場正好播放著披頭四的著名歌曲〈露西戴著鑽石在天空〉（Lucy in the Sky with Diamonds）。

*2 長毛象：又稱猛獁象，生存於歐亞大陸北方和北美一帶，擁有很長的體毛，肩高約3公尺。

因為海水結冰，海平面下降，西伯利亞與阿拉斯加形成相連的陸地。

人類很可能是為了獵捕長毛象*2，進入美洲。

口達口達口達口達噠

我最怕冷了。

後來地球越來越溫暖，西伯利亞與阿拉斯加才被大海分開。

與長毛象戰鬥真是太帥了！

砰砰砰！

傻瓜！
那個時候哪有槍！

他們可是空手打倒長毛象！
他們都很強壯！

不對，不對！

當時狩獵使用的是石器和骨角器[*1]！

這樣啊？

1910年代，英國有考古學家聲稱發現一具頭蓋像人、下顎像類人猿的頭顱骨骼，並命名為皮爾當人。當時有些學者認為這是人類的祖先，但後來才發現這具頭顱只是將人的頭蓋骨與紅毛猩猩的下顎骨湊在一起的偽造品。是一起科學史上相當有名的造假事件。

*1 骨角器：以動物的骨頭、角或牙齒製成的道具。　　*2 黑曜石：火山岩的一種，外表黝黑且帶有光澤，質地類似玻璃

至於如何製作呢……

這裡剛好有塊黑曜石[*2]，石器時代的人類經常使用這種火山岩。

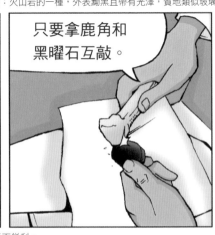

只要拿鹿角和黑曜石互敲。

*3 剝片石器：利用大石頭敲下的碎片製成的石器，特徵是細長而銳利。

哇！好鋒利！

這個碎片雖然小，

也算剝片石器[*3]，是打製石器[*4]的一種。

*4 打製石器：泛指敲打石頭所製成的石器。

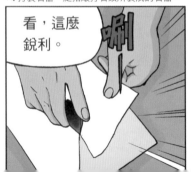

看，這麼銳利。

唰

黑曜石的質地接近玻璃，

即使是現代，也是製作手術刀的材料。

有了這玩意，應該能打贏長毛象！

藉由這樣的石器，能夠剝去獵物的皮，切開獵物的肉。

以骨頭製成針，將毛皮縫起來，還能成為衣服。

大約4萬年前，尼安德塔人都滅絕了，世界上僅剩下智人。

最右邊那個人在做什麼？

大概是在畫圖吧。

畫圖？

這時代的人哪有藝術天分！

不，這時代的人確實會畫圖。

什麼？

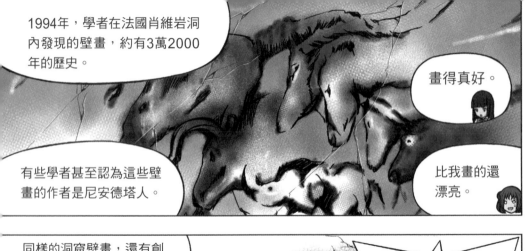

1994年，學者在法國肖維岩洞內發現的壁畫，約有3萬2000年的歷史。

畫得真好。

有些學者甚至認為這些壁畫的作者是尼安德塔人。

比我畫的還漂亮。

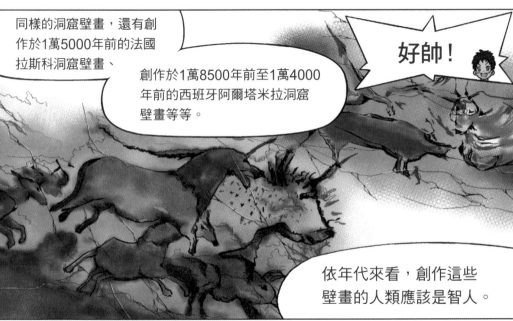

同樣的洞窟壁畫，還有創作於1萬5000年前的法國拉斯科洞窟壁畫、

創作於1萬8500年前至1萬4000年前的西班牙阿爾塔米拉洞窟壁畫等等。

好帥！

依年代來看，創作這些壁畫的人類應該是智人。

他們為什麼要畫這些壁畫？

目前學界還找不出明確的原因。

有人說是宗教儀式，有人說是藝術創作，還有人說是為了教育後代如何狩獵的教科書。

那個時代也有教科書？

不論任何時代，讀書都是很重要的事。

當時還是舊石器時代*1，人類只能靠狩獵和採集來維持生計。

並不懂得自行栽種農作物。

*1 舊石器時代：使用打製石器進行狩獵和採集的時代，還沒有製作土器與磨製石器的技術。約250萬年前至1萬3000年前。

但是到了西元前*2 9000年左右，

人類發現……

*2 西元前：指進入西元曆法元年之前的年代。

這不是會結穗的草嗎？

怎麼會長在這個地方？

上次我們把沒吃完的穗扔在這裡。

竟然長出包在葉子裡的穗。

難道只要把穗扔在地上，

就會長出新的穗？

就這樣，人類發現植物的果實不只能採集，還可以靠自己的力量栽種。

小知識

西班牙阿爾塔米拉洞窟壁畫在1879年被人發現。最初發現的人是律師兼古董美術品收藏家桑斯・德・桑圖奧拉的十二歲女兒瑪麗亞。隔年桑圖奧拉公開這些壁畫，卻遭指控是偽作。直到進入20世紀後，學界才證明這些壁畫的真實性。

這就是農業？

沒錯，這就是農業的起源。

大約西元前8500年起，人類開始栽種麥類和豆類植物。

地點在西亞一帶，相當於現今敘利亞、約旦附近。

*1 長江：中國最長的河川，位於中國中部。

大約西元前7000年，中國長江*1流域的人類開始栽種稻米。

底格里斯河
幼發拉底河

黃河

印度河

長江

尼羅河

西元前6000年，在埃及的人類也開始栽種麥類。

從此以後，人類不必再為找尋食物而四處遷移。

小知識

拉斯科洞窟壁畫中所畫的野牛稱為「原牛」，是現代家畜牛的祖先，體長約3公尺，體重約2噸。於1627年在波蘭絕種。

開始定居在栽種植物的地方。

並學會將野生動物當成家畜。

由於必須將河水引到栽種植物的地方，

人類學會了灌溉*2技巧。

*2 灌溉：以人工方式改變水的流動方向，將河水引入農田中。

原本清爽舒服的日子，

變得越來越熱……

和煦溫暖的日子持續了一陣子，

又變得寒冷。

不久之後，又漸漸變得溫暖。

以前也是這樣！

我們的祖先發現冷熱變化與農耕有著密不可分的關係，

因此把這個週期稱為「一年」。

後來的人類更利用太陽、月亮和星辰的位置，詳細區分出一年中的每個時期，藉此決定播種、收成的時間。

這就是曆法的起源。

*1 黃河文明：起源於中國黃河流域的文明。使用畫著圖騰的土器，栽種粟、稗等植物，懂得飼養豬、狗。

*2 長江文明：繁榮於中國長江流域的文明。以稻作為基礎。

*3 中美洲文明：誕生於現今墨西哥中部和東南部一帶的文明，大約西元前2000年開始採行精耕農業。擁有相當高明的土器製作與巨石建築技術。

*4 安地斯文明：誕生於現今祕魯、厄瓜多安地斯地區的文明。

*5 愛琴文明：以愛琴海為中心的文明。誕生於大約西元前3000年至前1200年。

*6 埃及文明：誕生於尼羅河下游流域的文明。開始於大約西元前3000年，傳承了三十個王朝。能建造巨大的金字塔和神殿。

*7 美索不達米亞文明：誕生於現今伊拉克境內底格里斯河、幼發拉底河流域的文明。大約西元前3000年，蘇美人在此建立了城邦。

*8 印度河流域文明：誕生於印度河流域的文明。起源自大約西元前2600年，著名的遺跡有摩亨佐達羅城、哈拉帕城等。

這些人的子孫包括許多名留青史的英雄或發明家。

很多人雖然沒沒無聞，卻同樣為世人的幸福貢獻了一己之力。

另一方面，人類也造成許多生物慘遭滅絕，

而且製造出足以奪走無數生命的可怕兵器，

對地球環境帶來相當大的危害。

遙遠的祖先們若看見我們做了這些事，不知會有什麼感想？

可能會怪我們把地球搞成這副德性。

我們還有很多方法可以挽救。

從歷史中記取教訓，不讓錯誤再度發生，也是其中之一。

小知識

考古學家在印尼弗洛勒斯島發現了身高約只有1公尺的矮小人類化石，命名為弗洛勒斯人，據推測應該是直立人的一個分支（爪哇原人）演化而成。弗洛勒斯人一直存活到1萬數千年前。

現在你們知道人類的演化過程了吧？

非常清楚了！

董老師一定會稱讚我們的！

呃……對了！

啊！

董老師的祕密到底是什麼？

啊，忘記告訴你。

董老師她有……一個穩定交往中的男朋友。

唉

破

!!

聽說快要結婚了！

太……太過分了！

你們這些小鬼！

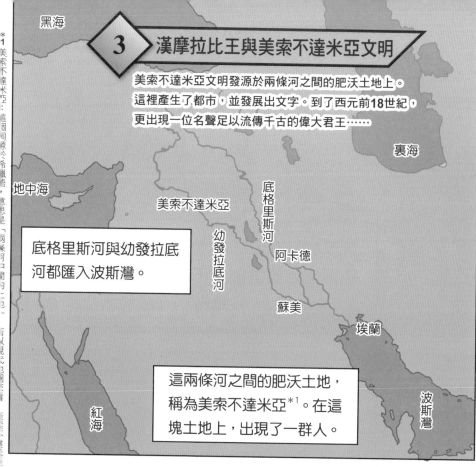

*1 美索不達米亞：出自古希臘語，意思是「河流之間」。這是希臘人的稱呼……

3 漢摩拉比王與美索不達米亞文明

美索不達米亞文明發源於兩條河之間的肥沃土地上。
這裡產生了都市，並發展出文字。到了西元前**18**世紀，
更出現一位名聲足以流傳千古的偉大君王……

黑海

裏海

地中海

美索不達米亞

底格里斯河

阿卡德

幼發拉底河

蘇美

埃蘭

紅海

波斯灣

> 底格里斯河與幼發拉底河都匯入波斯灣。

> 這兩條河之間的肥沃土地，稱為美索不達米亞*1。在這塊土地上，出現了一群人。

> 後來的阿卡德*2人稱他們為蘇美人。

早在新石器時代（約西元前8500年），美索不達米亞的蘇美人已開始農耕和畜牧。

西元前5000年，蘇美人學會了引河水灌溉農田，不再需要仰賴雨水來滋潤農作物。

約西元前3000年

美索不達米亞的蘇美人開始建立城邦。

他們建立了巨大的金字形神塔，居民的住宅都圍繞在塔的周邊。

統治者是名為「盧加爾」（主人之意）的國王及名為「恩」的祭司。

許多都市如烏爾*¹、烏魯克*²、溫馬*³和拉格什*⁴都相當繁榮，往來經商的人也很多。

烏魯克

拉格什

烏爾

商人們遠從印度或非洲運來珍貴的金、銅等礦物和石材、木材。

沉甸甸

美索不達米亞平原沒有岩石山丘或森林，

因此石材和木材相當珍貴。

*1 烏爾：蘇美人於美索不達米亞南方建立的古代都市。西元前26世紀誕生了烏爾第一王朝。都市之一，《吉爾伽美什史詩》的主要舞臺。

*2 烏魯克：位於伊拉克東南方的蘇美人古代都市。屬於最古老的蘇美人都市之一。

*3 溫馬：蘇美人建立的古代都市。

*4 拉格什：位於烏爾北方的蘇美人古代都市。

61

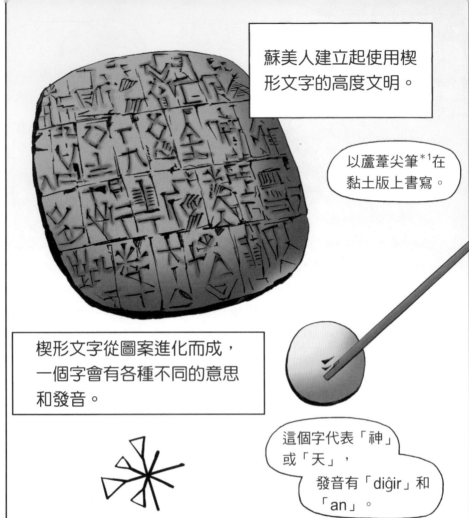

蘇美人建立起使用楔形文字的高度文明。

以蘆葦尖筆*1在黏土版上書寫。

楔形文字從圖案進化而成，一個字會有各種不同的意思和發音。

這個字代表「神」或「天」，

發音有「diĝir」和「an」。

*4 圓筒印章：古代美索不達米亞居民使用的印章。只要在柔軟的黏土上滾動，就可以壓印出圖樣。

此外，他們還為後來的巴比倫人奠定了太陰曆*2和六十進位法*3的基礎，

並使用一種圓筒印章*4。

黏土版的製作方式，是從底格里斯河與幼發拉底河的河岸邊取來黏土，塑形後趁表面還柔軟時刻上文字，接著在陽光下曝晒使其硬化。若是特別重要的文字紀錄，會放進窯裡燒烤，能保存得更久。

這裡還誕生了文學作品。

以楔形文字寫成的《吉爾伽美什史詩》*5中，描述了後來在《舊約聖經》*6中提到的大洪水*7狀況。

歷經了一段各城邦間互相爭奪霸權的時期後，

到了西元前24世紀中葉，

溫馬國王盧加爾扎克西*8統一了蘇美人的諸城邦。

盧加爾扎克西所統一的領土

阿卡德
基什
溫馬
烏魯克
蘇美
拉格什
烏爾

但他的榮耀並沒有持續太長，

不久後盧加爾扎克西敗給了阿卡德人*9。

*5 《吉爾伽美什史詩》：以據推測可能實際存在的烏魯克英雄國王吉爾伽美什為主角的古代近東史詩。 *6 《舊約聖經》：猶太教和基督教的聖典。內容網羅著作於西元前10世紀至前1世紀的各種文獻。在基督教與《新約聖經》合併在一起，成為所謂的《聖經》。 *7 大洪水：為了懲罰犯錯的世人，憤怒的神引發了大洪水，只讓少數好人存活下來並繁衍後代的神話。 *8 盧加爾扎克西：巴比倫尼亞、烏魯克第三王朝的國王。曾統治整個蘇美和阿卡德地區，領土自地中海延伸至波斯灣。

以英雄吉爾伽美什為主角的《吉爾伽美什史詩》是古代近東最古老且最長的史詩。內容描述吉爾伽美什的好友恩奇都死去，吉爾伽美什因而展開一場尋求長生不死的放浪之旅。據學者推測，吉爾伽美什應該是歷史上實際存在的人物。

因此，西元前24世紀在美索不達米亞平原以最初統一者身分流傳後世的人，

並不是蘇美人，而是阿卡德國王薩爾貢一世*1！

● 埃勃拉

亞述 ●

馬里 ●

阿卡德

基什 ●

● 蘇薩

烏魯克 ● ● 拉格什
● 烏爾

埃蘭

蘇美

薩爾貢一世的王國

阿卡德人雖是異族，但對蘇美人的統治卻非常寬容。

他們將楔形文字套用在自己的阿卡德語*2上。

阿卡德衰敗之後，蘇美人再度建立起自己的國家，

那就是烏爾第三王朝*3。

---

*1 薩爾貢一世（生卒年不詳）：巴比倫尼亞的阿卡德王國國王（在位期間西元前24世紀後期～前23世紀初期），建立了阿卡德王國，打敗盧加爾扎克西，統一了阿卡德和蘇美地區。　*2 阿卡德語：古代美索不達米亞地區使用的語言，在當時是諸國間的通用語。　*3 烏爾第三王朝：西元前2114年由烏爾那木建立的王朝，統一了巴比倫尼亞地區。

烏爾第三王朝的國王烏爾那木*4，

制定了現存最古老的法典之一《烏爾那木法典》*5。

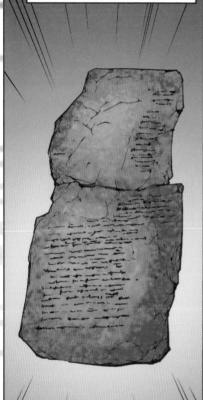

但是西元前2004年，烏爾第三王朝遭東方的埃蘭人*6消滅，

蘇美人就此從歷史舞臺上消失了。

巴比倫尼亞*7出現了一位君王。

後來，

維持了一段諸國紛立的混亂局勢，

西元前18世紀

*4 烏爾那木（生卒年不詳）：原本在烏魯克第五王朝底下統治著烏爾，後來打敗烏魯克王，登上王位。

*6 埃蘭人：一群居住在伊朗高原的民族。

*7 巴比倫尼亞：蘇美和阿卡德地區的合稱。在巴比倫第一王朝統一此地後，便有這樣的稱呼。

*5《烏爾那木法典》：目前已知世界最古老的法典，據說是由烏爾那木所發布。

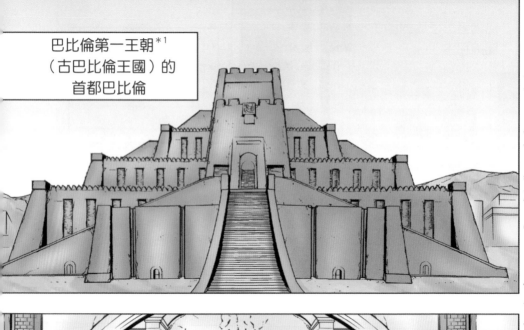

巴比倫第一王朝*1
（古巴比倫王國）的
首都巴比倫

陛下！

我是因病辭
職的前書記
的兒子。

書記負責以黏土版記
錄經濟文書和歷史，
是相當重要的工作。

把頭抬起來吧！

是。

——！

你好像很驚訝？

比倫第一王朝第六代
王──漢摩拉比*2

＊
2
漢摩拉比：巴比倫第一王朝第六代君王（在位期間約西元前1792～前1750年），再度統一了分裂的美索不達米亞平原。

＊
3
關於漢摩拉比的即位年齡，各方說法不一，有學者主張是二十五歲。

因為陛下看起來
好年輕……

對不起，恕我失言了！

我……我叫烏爾巴巴，從今
天起代替父親成為書記。

我在父王辛・穆巴
里特過世後登上王位，
當時才十八歲*3。

起來年輕也是 對了……
所當然的事。

你臉上的瘀青
是怎麼回事？

67

那⋯⋯那是因為⋯⋯

來神殿的路上，被「自由民」的流氓纏上了。

唉⋯⋯

看你被打成這樣，搞不好戰場比這裡還安全。

啊？

你上過戰場嗎？

沒有⋯⋯
我一直在讀書。

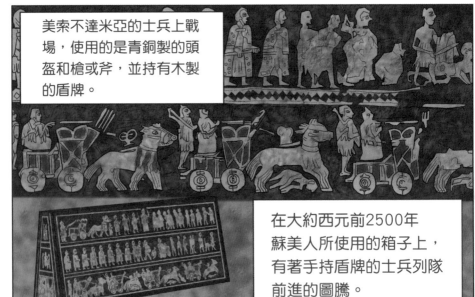

美索不達米亞的士兵上戰場，使用的是青銅製的頭盔和槍或斧，並持有木製的盾牌。

在大約西元前2500年蘇美人所使用的箱子上，有著手持盾牌的士兵列隊前進的圖騰。

戰場是個好地方！

箭矢射在盾牌上的聲音，

野驢*1的嘶吼聲，

戰士的喊叫聲，

飛揚的塵土和濺起的鮮血。

吼吼吼

唰唰唰

*1 野驢：指波斯野驢。亞洲野驢的一種，體高約125公分，當時是拖拉戰車的牲口。

陛下，看來您真的很喜歡打仗。

我從小就被教育成一名戰士，

除了打仗之外什麼也不懂。

什麼也不懂……

嗯……

小知識

美索不達米亞平原由於地勢開闊，吸引了蘇美、巴比倫、亞述、加喜特、埃蘭、胡里特、波斯等各民族在此建立勢力。

到街上走走，應該能學到一些打仗之外的事。

書記！

你負責帶路！

咦？

小知識

美索不達米亞的貿易相當發達，輸出物為小麥、大麥、海棗等，輸入物則為木材、金銀銅錫等金屬礦物類、青金石等寶石類。

你到底是在哪裡被流氓纏上的？

街上看起來很和平啊！

在這麼和平的地方還會遇上麻煩，看來天神很討厭你！

我獻給神殿的祭品可從來沒少過。

*沙瑪什神：美索不達米亞的太陽神，征服了黑暗，掌管正義和審判。其形象與漢摩拉比一同被刻劃在《漢摩拉比法典》的石柱上。

特地來到街上，卻一點意思也沒有。

陛下，您很想跟流氓打架嗎？

那當然！

因為我可是優秀的戰士！

陛下要是有個閃失，我的小命就不保了。

這點完全不用擔心！

我有沙瑪什神*守護著！

海棗（椰棗）是古美索不達米亞時代的重要農作物。這是一種高度可達30公尺的棕櫚科植物，會長出大量圓形果實。每顆果實大小約4公分，味道很甜，除了生吃之外，還可加工製成果醬。在現代以乾果的方式在世界上流通，日本人有時會將它加入御好燒的醬汁之中。

小知識

71

書記，快帶我到你被流氓纏上的地方！

啊……是！

怎麼辦？

總不能真的帶陛下去見那些流氓吧？

小知識

美索不達米亞的麵包，是將小麥粉或大麥粉加水揉成麵團，不經過發酵程序，壓成圓餅狀後貼在烤爐內側壁面上烘烤而成。

* 錫克爾：重量單位。1錫克爾約等於8.3公克。交易時便是以此作為銀的重量衡量單位。60錫克爾為1馬納（約500公克）。

最好不要讓他們遇上……

啊！

這種爛東西要2錫克爾*？

啊啊，我的壺。

破裂

開什麼玩笑！

72

原本不過是一堆泥巴！

憑什麼賣這麼貴！

可是……

這些都是我辛苦做出來的，價錢當然和泥巴不一樣。

什麼？

小知識

「算盤」的計算方式是在大約西元前2000年由巴比倫人所發明。當時只是在地上畫線，並放置小石塊來計算。這套技術經由希臘、羅馬傳入中國，後又傳到日本。

那些是富裕的「自由民」子弟，賣壺的則是身分較低賤的「平民」。自由民子弟就算在街上鬧事，他們的父母也會拿銀子出來擺平。

身為平民還敢跟我們頂嘴！

住……住手！

不管我們對你做什麼，你都不能有怨言！

拿去吧！這是賠給你的銀子！

小知識

如今大部分美索不達米亞平原都在伊拉克境內。這裡是世界著名的油田地帶，居民從古代就擅長將天然的瀝青運用在日常生活中，例如將瀝青當成防水加工材料，塗抹在泥土製成的壺上，用來保存大麥和小麥。

你整個店面的東西就只有這點價值而已！

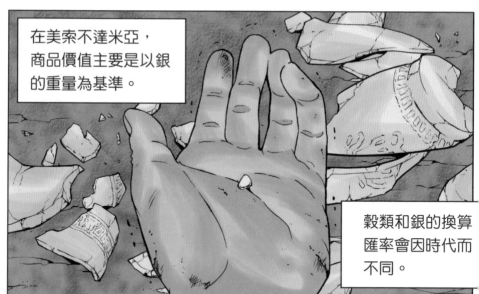

在美索不達米亞，商品價值主要是以銀的重量為基準。

穀類和銀的換算匯率會因時代而不同。

貿易頻繁雖然讓巴比倫變得繁榮，但是……

這就是我的國家？

這就是無數士兵賭上
性命守護的國家？

書記啊！

我在此向沙瑪
什神立誓！

我要建立一個
百姓能夠安居
樂業的國家！

你這小子！

以為自己是
國王嗎？

好強！

快逃！

《吉爾伽美什史詩》中記錄了大洪水的傳說。後世學者研究烏爾、基什等地的地層，確實發現曾經有過大洪水的痕跡。但這是否就是傳說中的大洪水，目前尚無法證實。

你沒事吧？

沒事，謝謝您的幫助。

書記！

是！

收下吧！

這……這麼多？

這是一份謝禮！

感謝你讓我學到了一件重要的事。

陛下，
您怎麼了？

從街上回來後，
您就沒什麼精神。

……完全想
不出來。

我在想怎麼保護
百姓不受流氓的
滋擾。

啪
啪

您在想什麼呢？

是不是應該
增加巡邏的
士兵呢？

但這樣會失去原本
自由自在的氣氛。

這麼說也沒錯。

不如制定新的法律如何？

法律？

法律不是天神所管轄的事情嗎？

是的。

我們的法律，依循的是自古以來的習慣。

唯有站在管理立場的神官，才知道法律的內容，一般百姓並不清楚。

說下去。

對巴比倫的百姓而言，法律實在太遙遠。

很少有人知道法律可以保護自己的生命和財產。

是這樣嗎？

是的。

因此，

我們應該製作一部新的法典，將法律清清楚楚寫在上面，

讓人民知道犯了什麼罪，會遭受什麼樣的懲罰。

如此一來，

法律就能成為窮人和弱者眼中的希望之光嗎？

沒錯！

「自由民」、「平民」、「奴隸」，

不論何種身分都必須遵守法律。

就算是站在管理立場的國王或神官也不例外。

連統治者也必須遵守的法律？

這想法真有意思。

書記，你必須幫我！

咦？

我來制定法律，你負責寫下來！

這就是你身為書記的第一項工作！

是！

第196條，若有人戳瞎他人的眼睛，就戳瞎這個人的眼睛。

第200條，若有人打掉他人的牙齒，就打掉這個人的牙齒。

以牙還牙，以眼還眼？

是的！

《漢摩拉比法典》的石柱在西元前12世紀由埃蘭人自巴比倫帶往蘇薩（位於現今伊朗西南方的古代都市）。到了西元1901至1902年，法國考古學家才發現這塊石柱，現保存於巴黎的羅浮宮美術館。

有了這樣的法律，才能確保凶手不會遭受更嚴苛的懲罰。

為什麼要這麼做？

刑罰不是越嚴苛越好嗎？

對被害者來說，刑罰確實是要越嚴苛越好。

但是對加害者的刑罰太重，

可能會製造出新的仇恨。

如此一來，就會成為犯罪的動機。

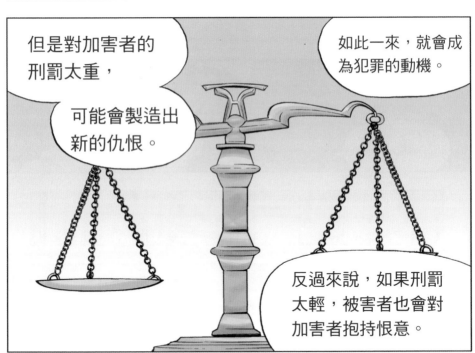

反過來說，如果刑罰太輕，被害者也會對加害者抱持恨意。

刑罰的輕重真難拿捏。

必須讓被害者與加害者，

雙方都心服口服才行。

關於搶劫這一條規定……

您指的是搶劫的歹徒必須賠償被害者損失的這一條嗎？

這條文本身沒問題，但如果沒抓到歹徒，該怎麼辦呢？

唔，這種情況下……

維持治安是行政機關的責任。

就由行政機關來賠償吧。

小知識

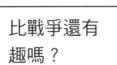

《漢摩拉比法典》雖是相當具有前瞻性的法律，但其刑罰輕重會因身分而不同。例如市民若是戳瞎其他市民的眼睛，刑罰是戳瞎眼睛；但假如是戳瞎奴隸的眼睛，只需付出該名奴隸價格的一半金額作為罰金。

我見過太多士兵死在戰場上，

他們唯一的牽掛都是自己的妻小。

我身為國王，一定要為那些為國捐軀的士兵們做點事情才行。

接下來，國王又制定了禁止傷害奴隸的罰則。

喧鬧

連奴隸也要保護？

陛下！

那當然！

身分的差別，只在於背負的義務不同。

就算是奴隸也不能不顧他們的生命安全。

這不只是奴隸的問題。

我制定的法律，

絕不允許任何人恃強凌弱！

就這樣，

條文超過282條，長度超過4000行的法典終於完成了。

我這套法典如何？

太完美了！

很好！

立刻將這套法典告知全國人民！

從自由民*1到奴隸，從神官到寡婦，全都不要遺漏！

是，陛下！

*1 自由民：奴隸社會中除了奴隸和婦女、兒童的公民通稱。自由民又有貴族和平民之分。

只要國內維持安定，我就能把全部心思放在戰爭上！

首先攻打南邊的拉爾薩*2，

接著征服馬里*3和亞述*4！

你要不要跟我上戰場？

我……我不會打仗！

至少陪我接受訓練吧！

捉住

你也該動動身體，老是關在屋裡，身體會生鏽的！

現……現在嗎？

陛下！請饒了我吧……

後來——

*2 拉爾薩：位於現今伊拉克東南部的巴比倫尼亞古代都市，遭漢摩拉比王消滅。

*3 馬里：位於現今敘利亞東部，幼發拉底河中游一帶的古代都市，遭漢摩拉比王消滅。

*4 亞述：美索不達米亞北部，底格里斯河中游一帶的地區。

縱長形的欄位內，因此閱讀時必須將頭轉90度。《漢摩拉比法典》的石柱上半部刻了兩個人物，站在左側的是漢摩拉比王，坐在右側的是沙瑪什神。值得一提的是，法典文字是以橫書的方式寫在

漢摩拉比王統一了包括蘇美和阿卡德地區的廣大土地。

漢摩拉比王的名字能夠在今天廣為人知，並非因為他是征服廣大領土的戰爭霸主，

漢摩拉比王去世後，巴比倫王國遭到西臺人*1的入侵被消滅，

後來美索不達米亞平原又遭到加喜特人*2征服。

這塊土地因而被命名為「巴比倫尼亞」。

但這些民族在統治上都沿用《漢摩拉比法典》。

而是因為他是一個建立了優秀法典的賢明君王！

「埃及」這個名稱源自於希臘神話中的人物「埃古普托斯」。他是海神波賽頓的孫子，尼羅河神的外孫。據說他在征服了埃及之後，將自己的名字賜給這塊土地。

*3 美尼斯王（生卒年不詳）：據說出身於上埃及，後來征服了下埃及的國王。

*4 又稱「曼斐斯」「曼菲斯」。

俗語說「埃及是尼羅河賜予的珍寶」。

這意味著尼羅河的肥沃土壤孕育出埃及文明。

擁有金字塔、獅身人面像等歷史遺產的埃及，約在西元前12世紀，誕生了一位足以流傳千古的偉大法老王。

埃及文明誕生於約西元前3000年，

美尼斯王*3統一了上埃及（尼羅河上游流域）和下埃及（尼羅河三角洲）。

美尼斯王

地中海

吉薩

白城（孟菲斯）

下埃及

西奈半島

阿瑪納

紅海

上埃及

尼羅河

當時是以「白城」*4（孟菲斯）為首都。

89

*1 胡夫王：古埃及第四王朝的國王（在位期間約西元前2554～前2531年）。

*2 古王國：以尼羅河三角洲為中心地帶的第三至第六王朝時代（西元前27世紀～前22世紀）。

美尼斯王所創立的第一王朝，和後來的第二王朝合稱為「初期王朝」。

接著，便進入以胡夫王*1的大金字塔和大獅身人面像而聞名的古王國*2時期。

*3 中王國：第十一至第十二王朝的時代（西元前21世紀～前18世紀）。

*4 西克索人：大約西元前18世紀自敘利亞地區入侵埃及的遊牧民族。

在以上游的底比斯為首都的中王國*3時期，埃及遭到來自亞洲的異族西克索人*4所統治，

但進入新王國*5時期後，第十八王朝花了十年時間，成功將西克索人驅逐出境。

地中海

裏海

西克索人入侵

孟菲斯

尼羅河

底比斯

紅海

*5 新王國：第十八至第二十王朝的時代（西元前1567～前1085年）。

新王國的領土更擴大至敘利亞和努比亞地區。

地中海

敘利亞

米吉多戰役

耶路撒冷

吉薩

孟菲斯

西奈半島

阿拉伯半島

阿瑪納

埃及新王國時期最大疆域

底比斯

紅海

努比亞地區

圖特摩斯三世

到了圖特摩斯三世*6的時代，埃及在米吉多戰役*7中打敗了迦南人*8，領土達到最大。

*7 米吉多戰役：發生於大約西元前1468年，圖特摩斯三世與迦南人之間的戰役。　*8 迦南：巴勒斯坦地區的古代稱呼。

*6 圖特摩斯三世：第十八王朝第六代國王（在位期間西元前1479～前1425年）。

現代人能夠知道
從前埃及發生了
哪些事，

埃及人使用的文字有兩種，
分別為聖書體*9（下左）和
僧侶體*10（下右）。

*9 聖書體：從圖騰演變而來的
文字，多使用在碑文上。

*10 僧侶體：為了讓聖書體
的書寫速度更快而發展
出的文字。

到西元前7世紀，又出
現了將僧侶體更加簡化
的世俗體（右）。

1822年，透過羅塞塔石碑*11，
法國學者商博良*12成功解讀出
聖書體的使用規則。

是因為埃及
人以文字記
錄歷史。

*12 商博良（1790～1832年）：法國學者，利用羅塞塔石碑成功
解讀出聖書體的意義。

隨著聖書體的成功解讀，許多古代文獻內容得以呈現在現代人面前。

例如所謂的《死者之書》，是一種說明墳墓內的死者如何在死後世界過得平安幸福的指導手冊。

當時的埃及人還會使用一種以植物製成的紙，名為莎草紙*1。到了後期，墳墓出土的紙卷上還有一些插畫。

*2 太陽曆：以太陽的運行為基準的曆法。

埃及的天文學相當發達，已開始使用太陽曆*2。

為了預測尼羅河的氾濫時期，使農業能夠順利發展，當時的人必須精確地計算出季節變化。

在他們的信仰中，神祇多達數百位。

支配來生的豐收之神
歐西里斯

是妹妹也是妻子的
伊西絲

但是到了新王國第十八王朝阿蒙霍特普四世*3的時代，他捨棄了原本的多神教*4信仰。

太陽神
拉

木乃伊守護神
阿努比斯

家和音樂的守護神
芭絲特

阿蒙霍特普四世

企圖建立一個只信仰阿頓神的一神教*5國家，並將首都遷往阿瑪納。

雖然這項改革以失敗收場，卻促使原本多神教時代所沒有的新藝術型態開花結果。

阿蒙霍特普四世之後，還有一個與他同樣流傳千古的人物。

在漫長的歲月裡，這些神祇在古埃及人中受到廣泛的信仰。

這些藝術統稱為阿瑪納藝術*6。

＊3 阿蒙霍特普四世：第十八王朝第十代國王（在位期間約西元前1351～前1334年）。他發起了宗教改革，只信仰阿頓神（太陽神的一種），並將名字變更為阿肯那頓（意為「對阿頓神有益者」）。雖然推動和平政策，卻失去一部分領土，使國內陷入混亂。 ＊6 阿瑪納藝術：興盛於阿蒙霍特普四世定都阿瑪納時期（西元前14世紀）的藝術型態。

＊4 多神教：指崇拜、信仰複數神祇的宗教。 ＊5 一神教：只崇拜、信仰單一神祇的宗教。

那就是他的兒子
圖坦卡門[1]。

1915年 帝王谷[2]

這處山谷中共有超
過六十座墳墓。

世人相信圖坦卡門的墳墓
一定也在其中。

有兩個男人被這個傳說
深深吸引住，
一個是英國貴族
卡那封伯爵[3]，

另一個則是從十七歲就在古蹟
挖掘現場工作，

並曾擔任埃及考古局監督官的
霍華德・卡特[4]。

[1] 圖坦卡門：第十八王朝第十二代國王（在位
期間約西元前1333～前1323年）。其娶了
阿蒙霍特普四世的女兒（同父異母的妹妹）
為妻，曾遠征敘利亞，去世時才十八歲。

94

卡特，要不要休息一下？

在英國，現在可是午茶時間。

謝謝你，卡那封伯爵。

這位少年法老王躲得可真是隱密！

多半是個生性害羞的法老王吧。

*4 霍華德・卡特（1873～1939年）：英國考古學家。

我相信再過不久……

一定能見到他的廬山真面目！

卡那封伯爵原本是到埃及盧克索養病，卻一頭栽進了考古學的世界裡。

因而決定贊助卡特的挖掘工作。

沒錯！

自1917年起，卡特的挖掘工作便鎖定圖坦卡門的墳墓，費盡苦心四處尋找，但是……

小知識

羅塞塔石碑的內容為西元前196年的孟菲斯神官讚美當時的國王托勒密五世，眾神官決定贈予國王特別的神官稱號並昭告天下。同樣的內容分別以聖書體、世俗體和希臘文寫成，因此成為研究埃及文字的絕佳資料。

以英國貴族為題材的電視影集《唐頓莊園》，拍攝地點便是卡那封伯爵所居住的海克利爾城堡。

一直毫無斬獲的過了五年的時間……

1922年
海克利爾城堡*

卡那封伯爵，請問你把我叫來，有什麼事嗎？

＊海克利爾城堡：位方英國南部的城堡，屬於一莊英伯爵所屬

卡特……

關於圖坦卡門墓的挖掘作業，

我決定不再提供任何協助。

或許就像別人說的，帝王谷內的墳墓都已經被挖得一乾二淨了。

這種對名聲沒有任何幫助的無意義行為，

讓我覺得好累。

請看看！這是我製作的帝王谷地圖。

上面還有我們不曾找過的地點！

你……什麼時候製作了這樣的地圖？

我不要任何名聲！

只要能找到圖坦卡門墓，我願意將所有權利讓渡給你！

求求你，

再給我三個月的時間！

好吧……

那就再給你三個月。

帝王谷

還沒有找過的地點，

只剩下那裡而已！

唰

卡特先生？

難道你認為……

沒錯，就是這裡！

這裡是興建拉美西斯六世*的墳墓時，工人們所蓋的工地小屋的遺址！

你認為工地小屋有可能蓋在國王的墳墓上嗎？

卡特先生，你應該很清楚這有多麼可笑！

*拉美西斯六世：第二十王朝第五代國王（在位期間約西元前1156～前1148年）。墳墓就在圖坦卡門墓的旁邊。

我知道！但這裡是我們最後的希望！

今天就以這裡為重點進行挖掘！

小知識

1863年，日本江戶幕府曾派遣幕臣池田筑後守長發和一群隨行武士前往法國，一行人路過埃及時，還曾在獅身人面像前拍照留念。

終於——

啊……

卡……

卡特先生！

1922年11月

我們挖到了一座階梯！

正如卡特的預期，拉美西斯六世的工地小屋遺址下方，出現了圖坦卡門墓的入口。

真是太美了！

卡特發現了墓室入口後，立即回報卡那封伯爵。等卡那封伯爵和他的女兒抵達後，才繼續開挖作業。

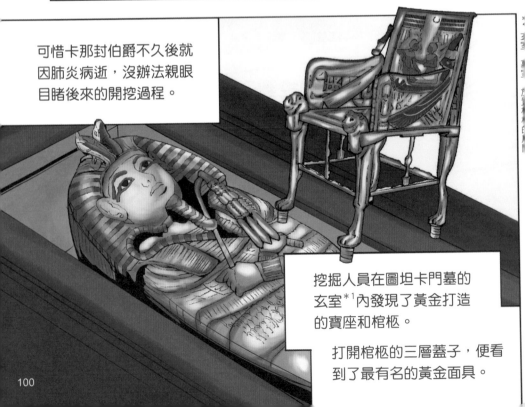

可惜卡那封伯爵不久後就因肺炎病逝，沒辦法親眼目睹後來的開挖過程。

挖掘人員在圖坦卡門墓的玄室*1內發現了黃金打造的寶座和棺柩。

打開棺柩的三層蓋子，便看到了最有名的黃金面具。

圖坦卡門的
黃金面具和寶座，

如今都收藏在位於
埃及開羅的埃及考
古學博物館內。

接著，

除了埋葬法老王的帝王谷，
還有個專門埋葬后妃
和王子的王后谷*2。

*3 斯基亞帕雷利（1856～1928年）：義大利考古學家，曾任杜林的埃及博物館館長。

如今在王后谷內出土的墳墓
中，最為莊嚴宏偉的一座，

是1904年由義大利考古學家斯基
亞帕雷利*3所發現的妮菲塔莉墓。

妮菲塔莉

是拉美西斯二世
的妻子。

西元前約1280年　培爾-拉美西斯*1

*1 培爾‧拉美西斯：建於尼羅河河口的首都。

妮菲塔莉！

嗶嗶

妮菲塔莉在哪裡？

*2 法老王：「法老」在古埃及是王的稱號，意思是「巨大的家」。

我在這裡，

拉美西斯王子。

您身為王子，應該穩重一點，

真不曉得周圍的人會怎麼想。

妮菲塔莉是貴族的女兒，

有一派說法是，她擁有圖坦卡門後任法老王*2的血統。

妮菲塔莉

何必管周圍的人怎麼想？

拉美西斯二世*3

我們去看
夕陽吧！

被夕陽染成紅
色的尼羅河實
在太美了！

不過帶你一起去，
我的眼中可能只看
得見你。

啊……
說得好！

您真愛開玩笑，
我還有事要忙，
失陪了。

那些事交給侍女去
做就行了。

快走吧！

啊！

妮菲塔莉，
嫁給我吧！

！

你可不能拒絕！

就算我原諒你，你的心也不會原諒自己！

因為你是愛我的！

這麼英姿挺拔、玉樹臨風？

搞不懂，

為什麼您總是……

＊阿蒙神：古代埃及信仰中的主神之一，經常被人與太陽神拉相提並論。外型像人，頭上戴著羽毛帽子。

那還用說嗎？

因為我受到阿蒙神＊的眷顧。

才不是呢！

我想說的是……

您這麼高傲、蠻橫，不肯聽別人說話，

可是……為什麼……

為什麼我……卻偏偏愛上了您。

我……我一定會成為偉大的法老王！

為世界帶來和平和繁榮！

你陪在我身邊，一樣會永遠受到崇敬和讚美！

噗

你笑什麼？

這個夢想實在太遠大了，我才忍不住

……真是對不起。

沒關係，你盡量笑吧！

只要能讓你笑，要我說多少次都行！

抓

我一定會成為偉大的法老王！

握？

是的！

卡疊石是位於敘利亞的一座城鎮。

雖受我們埃及統治，但最近似乎有投靠西臺人*² 的跡象。

會對我埃及的國防造成危害。

*2 西臺人：西元前17世紀至前12世紀，在現今土耳其一帶建立勢力的民族，懂得使用馬、戰車和鐵器，擁有高度的軍事實力。於西元前16世紀滅亡。
*3 巴比倫：指巴比倫第一王朝。第六代的國王漢摩拉比相當有名。

西臺是曾經消滅巴比倫*³ 的強國。

西臺王·穆瓦塔里二世

雖然埃及擁有精悍的軍隊，但拉美西斯深知這次的對手相當強勁。

戰爭，

恐怕無法避免了。

把大軍集結起來！

唵

攻打西臺！

埃及軍隊不乘馬而使用戰車的理由，在於當時還沒有發明腳蹬。要在沒有腳蹬的情況下騎馬打仗，除了雙手揮舞武器之外，雙腿還要緊緊夾住馬身，這需要相當熟練的技術及過人的體力。

一個月後

快到卡疊石了吧？

是的！

我們的大軍共分成四隊，隨時可以將西臺軍和穆瓦塔里二世擒住！

站住！
你們想做什麼？

憑你們的身分，還想見尊貴的法老王？

我們有重要的事情稟報。

退下！
你們是誰？

請饒了我們吧。

卡疊石的百姓，根本不希望受西臺人統治！

族長派我們來傳達卡疊石百姓的心聲。

你們的族長在哪裡？

族長被抓到阿勒頗*1去了，穆瓦塔里二世也在那裡。

阿勒頗？

帝王谷出土的拉美西斯二世木乃伊維持著良好狀態，容貌清晰可辨。身高183公分，以當時而言算是相當高大的人物。

原來穆瓦塔里二世不在卡疊石？

我還以為會在這裡跟他大戰一場呢。

我們是從阿勒頗逃出來的，經過卡疊石時，

並沒有看到西臺的軍隊。

族長說，穆瓦塔里二世的軍隊會在數天後朝卡疊石出發。

陛下！我們應該趁現在占領卡疊石！

不如先讓大軍按兵不動，由陛下的師團*2進入卡疊石如何？

只有5000人……

好，就這麼做吧！

但為了這些百姓著想，我希望占領的行動能維持和平。

謝謝……謝謝您！

109

應該離卡疊石很近了吧。

在西臺軍隊抵達前，得先讓百姓避難才行。

啪

陛下！請留步！

什麼事？

那不是後方師團的士兵嗎？

穆瓦塔里二世偷襲我們的軍隊！

我方死傷慘重，而且他們的軍隊已經攻過來了！

請務必謹慎提防！

什麼？

西臺的軍隊在當時幾乎所向無敵，原因是：第一，西臺使用鐵製武器，並將冶鐵技術當成國家機密。第二，西臺的戰車使用加了輻條的車輪，行動較敏捷。第三，西臺擁有高明的馬匹訓練技術。

埃及軍根本不是我們西臺軍的對手！

西臺軍的每一輛戰車*上都有三人，一人負責操控韁繩，一人負責拿長槍攻擊，一人負責拿盾牌防禦。

呼……

大勢已去。

事到如今，只好由我們殺開一條血路。

請下令撤退！

法老王！
請您快逃吧！

撤退？

啪

「我相信您做得到！」

妮菲塔莉說過……

握

撤退不是偉大的法老王該做的事！

搞什麼！法老王的首級呢？

不管是軍隊人數還是戰術，都是我們占上風！

為什麼，

還沒分出勝負？

拉美西斯二世的體格特別魁梧，

使用的弓箭也大得嚇人，射程非常遠，沒有人能靠近。

而且在他的指揮之下，埃及軍相當團結。

派出更多戰車，一定要打倒拉美西斯二世！

*亞述：盤踞在美索不達米亞地區北部的帝國。

但我們已經投入3000輛戰車了，

現階段，我們和東邊亞述*之間的戰爭還沒結束，實在沒辦法調度更多戰車。

不如派步兵部隊上場吧！

連戰車都無法靠近他，派步兵上場只是白白送死而已。

古埃及人是最早將貓當成寵物的民族。當時的貓因叫聲被稱為「米烏」，古埃及人將貓視為神聖的動物，會將死去的貓製成木乃伊並加以埋葬。後人從埃及遺跡中發現的貓木乃伊多達數十萬具。

拉美西斯
二世……

看來我不該與
這個人為敵。

叫大家撤
軍吧!

陛下!

穆瓦塔里二世提
出停戰的請求,

拉美西斯二世
答應了。

拉美西斯的宮殿

小知識

1960年亞斯文水壩開始興建時,阿布辛貝神殿一度陷入即將沉至湖底的危機。後來在聯合國教科文組織和埃及政府的努力之下,神殿被成功移至山坡上。1979年,這座神殿被列入世界遺產。

＊阿布辛貝：位於埃及最南端的地名。拉美西斯二世在此地興建了給自己與太陽神阿蒙，以及給妻子妮菲塔莉與哈托爾女神的兩座神殿。

之後，

在拉美西斯二世統治埃及的三十年間，埃及和西臺簽訂了正式的和平條約。

這是目前已知世界上最早的國際條約。

拉美西斯二世一直活到九十歲。

他作為偉大法老王的功績，直到今天依然為人津津樂道。

現在世界遺產阿布辛貝＊小神殿的入口處，有著妮菲塔莉的石像，

大小幾乎和旁邊的拉美西斯二世石像相同。

在為數眾多的埃及王后石像當中，這是相當罕見的例子。

歷經無數王朝的興衰更迭，到了西元前6世紀，
終於出現人類歷史上第一個
世界級的帝國。

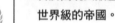

鐵是威力強大的武器。

青銅武器對上鐵製武器，
根本不是對手。

就連原本國力強盛的巴比倫
第一王朝，

也慘遭擁有冶鐵技術的西臺人消滅。

小知識

西臺一直將冶鐵技術當成國家機密，但到了大約西元前12世紀，西臺王國滅亡，冶鐵技術逐漸流傳開來，從美索不達米亞地區傳入歐洲和亞洲，促使鐵器時代的來臨。

位於巴比倫尼亞的巴比倫第一王朝滅亡後，許多國家在美索不達米亞平原上互相較勁、爭奪地盤。

西臺人逼迫米坦尼王國成為從屬國，並在西元前1275年和埃及人大戰一場（卡疊石戰役*4）。

包括：
西臺王國、胡里特人的米坦尼王國*1、
加喜特人的王朝*2、
埃蘭王國*3等。

但是到了大約西元前1200年，一群名為「海上民族*5」的神祕聯合民族集團自西方進犯，消滅了西臺王國。

接著，加喜特人遭埃蘭人消滅，

埃蘭人後來逐漸步上衰亡。

此時，從西臺從屬國米坦尼王國中，崛起了另一個王國。

*1 米坦尼王國：由米坦尼人統治胡里特人和亞摩利人的國家，位於美索不達米亞北方。先潰敗於西臺王國，後被亞述王國吞併。

*2 加喜特人的王朝：自伊朗一帶遷徙至美索不達米亞平原定居的加喜特人。在西元前16世紀建立的巴比倫王國（巴比倫第三王朝）。在西元前12世紀遭埃蘭人消滅。

*3 埃蘭王國：繁榮於伊朗高原中央一帶的王國，擁有獨自的文化及文字。

*4 卡疊石戰役：見108～116頁。

119

那就是——
亞述王國[1]。

亞述王國擁有強大的軍事實力，尤其擅長攻城，領土迅速擴張。

到了薩爾貢二世[2]的兒子辛那赫里布[3]的時代，甚至征服了巴比倫。

遭統治的巴比倫數次發動叛變，

辛那赫里布

辛那赫里布於是徹底摧毀巴比倫第一王朝的首都巴比倫，以暴力的高壓手段進行統治。

＊
1
亞述王國：亞述人於美索不達米亞北部建立的王國。在西元前8世紀至前7世紀，征服了美索不達米亞、敘利亞、埃及等地。

＊
2
薩爾貢二世：亞述王國的國王（在位期間西元前722～前705年）。不僅逼迫以色列王國臣服，更占領了巴比倫。

＊
3
辛那赫里布：亞述王國的國王（在位期間西元前704～前681年）。曾遠征巴勒斯坦、鎮壓巴比倫的叛亂。後遭兒子們暗殺。

到了西元前668年即位的亞述巴尼拔國王*4時代，亞述王國更征服了埃及，國力達到顛峰。

首都尼尼微有一座巨大的圖書館，裡頭收藏超過兩萬枚黏土版。

後人甚至在這個圖書館內發現了《吉爾伽美什史詩》(見63頁)的抄本。

但是，

盛極一時的亞述勢力也逐漸沒落。

到了西元前7世紀後期，

亞述王國分裂出利底亞*5、米底亞*6、埃及等國。

接著，

西元前625年，新巴比倫王國*7也從中獨立。

*4 亞述巴尼拔：亞述王國的國王（在位期間西元前668～前627年）。他是辛那赫里布的孫子，讓亞述王國的疆域達到最大。
*5 利底亞：利底亞人在小亞細亞西部建立的王國。在西元前546年遭波斯消滅。
*6 米底亞：建於伊朗北部高原地帶的王國。雖然消滅了亞述王國，卻在西元前550年遭阿契美尼德波斯帝國消滅。
*7 新巴比倫王國：在西元前625年自亞述獨立的王國。雖然消滅了亞述王國，卻在西元前539年遭阿契美尼德波斯帝國消滅。

裏海　尼尼微　幼發拉底河　底格里斯河　巴比倫　波斯灣　地中海　耶路撒冷　尼羅河　紅海　底比斯

利底亞　薩第斯　裏海　新巴比倫王國　米底亞　耶路撒冷　巴比倫　蘇薩　埃蘭　埃及　阿拉伯　底比斯

建立新巴比倫王國的
那波帕拉薩爾*1和米底亞
王國聯手，

於西元前612年摧毀亞述首都
尼尼微，消滅了亞述王國。

*1
那波帕拉薩爾：新巴比倫王國的開國君主（在位期間西元前625～前605年）。

*2
尼布甲尼撒二世：新巴比倫王國的第二代國王（在位期間西元前604～前562年），是那波帕拉薩爾的兒子。

*3
猶大王國：約在西元前922年自希伯來王國南方分裂出來的國家。

尼布甲尼撒二世

繼任的尼布甲尼撒二世*2
國王打敗埃及，占領了
猶大王國。

之後新巴比倫王國又和埃及
爭奪猶大王國*3的領土。

新巴比倫王國
地中海
耶路撒冷
巴比倫
猶大王國
埃及
底比斯
紅海

尼布甲尼撒二世興建了許多
宏偉壯觀的建築，如伊絲塔
城門*4、空中花園*5等等。

西元前587年，猶大王國發生叛亂，新巴比倫王國於是消滅了猶大王國，

並將其國內的國王和所有希伯來[*6]居民強制移送至新巴比倫王國。

*6 希伯來人：他們稱自己為以色列人。

這些人便是後世所稱的「巴比倫囚虜」[*7]。

*7 巴比倫囚虜：早在西元前597年，新巴比倫王國也曾攻打猶大王國的耶路撒冷，將居民擄往巴比倫。

希伯來人原本是一群遊牧民族。

約西元前1500年，自東方遷徙至迦南[*8]（巴勒斯坦）定居。

其中有一部分希伯來人又移居到了埃及。

123

定居埃及後，希伯來人的人口數量不斷增加，經濟實力也提升了，

但卻被埃及人當成奴隸一般對待。

於是這群飽受歧視和迫害的希伯來人，

跟隨著聲稱得到神的啟示的摩西*1逃離埃及*2。

摩西一直到死，都沒能夠抵達神所應許的迦南之地。

*1 摩西（約西元前13世紀）：希伯來人的先知和領袖。帶領眾人逃出埃及，前往迦南。在西奈山接受上帝耶和華傳下《十誡》。

*2 這段歷史被後人稱為「出埃及」。

一行人朝著祖先居住之地迦南前進。

摩西

摩西的繼任者約書亞*3
繼續帶領希伯來人前進，

最後終於征服迦南，
建立了希伯來王國*4。

大馬士革

地中海

約旦河

耶路撒冷

伯利恆

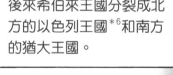

所羅門王時期的
希伯來王國

所羅門王

大約西元前10世紀，希
伯來王國在所羅門王*5
時期最為繁榮。

*3 約書亞：希伯來人的領袖。原本為摩西的隨從，後來繼承摩西的遺志。

後來希伯來王國分裂成北
方的以色列王國*6和南方
的猶大王國。

大馬士革

地中海

約旦河

革尼撒勒湖（加利利海）

耶路撒冷

伯利恆

以色列王國

猶大王國

北方的以色列王國在
西元前722年遭亞述
王國消滅後，僅剩下
猶大王國。

這就是遭俘虜至巴比倫的
希伯來人背後的歷史淵源。

在尼布甲尼撒二世的
命令下遷移至巴比倫
的希伯來人，

原本期待新巴比倫王國馬上就會
滅亡，他們也得以回歸故鄉。

*4 希伯來王國：建國於約西元前1012年，但約西元前922年分裂。

王：希伯來王國的第三代國王（在位期間約西元前960～前922年）。藉由通商讓國家變得富裕，興建了耶和華的神廟、宮殿等。但沉重的稅賦讓百姓痛苦不堪。所羅門王去世後，希伯來王國就分裂了。

*5 所羅門

但是，當希伯來人信仰的耶和華*¹神廟也遭新巴比倫王國的士兵摧毀時，

猶太人*²在遭受迫害之際，向唯一的神耶和華尋求救贖，信仰變得更堅定。

希望變成了絕望。

這是種一神教*³信仰。

尼布甲尼撒二世去世後，神官開始掌握實權，政局變得不安定。

新巴比倫王國的繁榮轉眼間蒙上一層陰影。

這時出現了一號
人物——

阿契美尼德波斯帝國*4
的居魯士二世*5！

居魯士二世消滅了有著親
戚關係的米底亞王國，

接著又統治了全世界
首先開始製造硬幣的
利底亞王國。

希臘
利底亞
薩第斯
米底亞
阿契美尼德波斯帝國
耶路撒冷
孟菲斯　巴比倫　蘇薩
波斯波利斯
埃及

居魯士二世

不僅如此，他更占領了希臘殖民
地愛奧尼亞*6等新巴比倫王國的
北部土地。

*5 居魯士二世：阿契美尼德波斯帝國的第一代國王（在位期間西元前559～前530年）。在位期間建立由印度國境
到埃及的巨大帝國。有派說法是他的母親為米底亞國王的女兒。

巴比倫沒有招架之力，
一轉眼已遭攻陷。

西元前539年，
新巴比倫王國
滅亡。

小知識

根據《舊約聖經》〈出埃及記〉的記載，摩西帶領希伯來人抵達迦南之前的四十年間，神賜給他們一種又白又甜的食物，稱為「嗎哪」。有些學者認為「嗎哪」是在西奈半島的樹上生活的介殼蟲的排泄物。

127

居魯士二世相當尊重
各民族的宗教習俗。

他將新巴比倫王國搶奪
來的各種神像歸還給原
本的信仰地區，

並協助這些地區
重建神殿。

不僅如此，

他更答應讓猶太人
返回故鄉。

猶太人漫長的俘虜
生活，終於在此時
畫上休止符！

之後，整個美索不達米亞便由阿契美尼德波斯帝國，這個空前的巨大帝國所統治。

其中最偉大的君主，便是第三代帝王——

希臘

薩第斯

阿契美尼德波斯帝國

蘇薩

巴比倫

耶路撒冷

波斯波利斯

孟菲斯

埃及

大流士一世！*1

*3 岡比西斯二世：阿契美尼德波斯帝國第二代國王（在位期間西元前530～前522年）。居魯士二世的兒子。

西元前522年，首都蘇薩*2

咚噠

咚噠

岡比西斯二世*3去世後，國內因繼承者問題而混亂了好一陣子。

英國軍人兼考古學家亨利・羅林森（1810～1895年）藉由分析研究伊朗貝希斯敦山崖上的碑文，成功解讀了楔形文字。此碑文內容為紀念大流士一世的戰功。

直到大流士一世受推舉而登上王位，

國內才恢復平靜。

那些該死的總督*1！

＊1 總督：指阿契美尼德波斯帝國內負責治理各省的長官。多由王族或波斯貴族擔任。

一邊要和斯基泰人*2打仗，一邊又要鎮壓國內的叛亂，真是累死我了！

阿契美尼德波斯帝國在施政上，將各地區委由總督統治。

總督所統治的土地相當於小國，經常有總督謀求獨立而發動叛變。

如今我已是國王了。

我有義務讓波斯帝國更加興盛！

＊2 斯基泰人：主要活躍於黑海沿岸草原地帶的騎馬遊牧民族。

瑣羅亞斯德教在中國又稱為「祆教」，由於對火相當崇敬，因此亦被稱為「拜火教」。現代在印度、伊朗等地還有約十五萬信眾。

安娜希塔？

安娜希塔是瑣羅亞斯德教中負責孕育生命的女神。

＊3 瑣羅亞斯德：一說主宰朝間為西元前1300～前1000年之間；另一說則是

瑣羅亞斯德教是教祖瑣羅亞斯德＊3創立的宗教，他聲稱接受來自阿胡拉‧馬茲達神的啟示。

瑣羅亞斯德教認為，這個世界是至高善神阿胡拉・馬茲達，和萬惡魔王阿里曼打得難分難解的戰場。

這場漫長的戰爭經過最後審判，將由善神獲得勝利，迎接全新的理想世界。

這個觀念到了後來，

被猶太教和基督教所吸收。

這是……

女神的啟示*[1]嗎？

啟示：揭示的「啟示真理」。

我來到這個地方，
因為這是……

你的心願。

既然如此，女神啊，
請告訴我！

國家陷入混亂，是否代表
我已失去了神的恩寵？

你只不過是生命
短暫的——

凡人，

卻高傲地妄想只憑自己
的力量統治這個國家？

……

這意思是我的能力不
足以獨力治理國家？

＊2 不滅聖神：聽命於至高善神阿胡拉‧馬茲達的者神。

沒錯。

但是，
女神……

就算是至高
善神阿胡拉‧
馬茲達，

也得借助七位「不滅
聖神」＊2的力量。

千萬別認為自己擁有超越神的能耐。

女神……

女神？

畢爾提亞參見陛下。

我的親衛隊「不死萬人隊」向來以驍勇善戰著稱，

畢爾提亞，你更是其中對我最忠實的一人。

謝謝誇獎！

「不死萬人隊」指的是

一群不怕死的士兵。在大流士一世剛登上王位時，各地頻頻發生叛亂，這群士兵被派往各地進行鎮壓。

畢爾提亞

從明天開始，我會讓別人代替你加入「不死萬人隊」。

你快回家準備出遠門吧！

請……請問，我是不是什麼地方得罪了陛下？

如果是的話，我願意獻上生命來謝罪！

我不要你的命。

我只要你的眼睛。

我的眼睛？您的意思是？

從現在起，我將在全國各省設置「王之眼」，

觀察全國各地的動靜！

簡單來說，就是監視、巡察各省總督以防範叛變的巡察使。

原來如此，巡察使！這主意太好了！

如此一來，波斯帝國就能維持和平了。

你真的這麼想嗎？

光靠這種做法，是無法真正看出人心的。

「王之眼」只是表面上的制度，

我另外還要設置「王之耳」。

天底下表裡不一的人太多了。

就算推動巡察制度，一定還會有一些總督在巡察使面前阿諛奉承，背地裡卻偷偷做壞事。

「王之耳」是一群密探，

唯有「表」「裡」雙管齊下，才能讓那些總督不敢輕舉妄動！

畢爾提亞，我要你為我領導「王之眼」和「王之耳」，

你不會讓我失望吧？

陛下竟然擁有如此冷靜且宏觀的視野！

真不愧是王中之王！

我一定會鞠躬盡瘁，絕不辜負陛下的期許！

大流士一世不斷公布各項新政策，在波斯帝國內推動改革。

他還開闢了一條道路，命名為「王之道」。

起點為首都蘇薩，終點為鄰接希臘愛奧尼亞附近的薩第斯＊，全長約2500公里，中間設置了111處驛站。

自從有了這條道路後，往來首都和薩第斯只需要一星期。

薩第斯

巴比倫　　　蘇薩　　波斯波利斯

貿易速度因此大幅增加，各地都市變得繁榮，讓帝國進入全盛時期。

我要讓全世界知道，走在「王之道」上的人，都受我大流士一世保護！

＊薩第斯：位於小亞細亞的古代都市。在現今土耳其伊茲密爾市附近。

西元前499年

畢爾提亞參見陛下。

在回來的路上，我繞到新首都看了一下，真是令人嘆為觀止。

如今全世界都知道陛下的帝國有多麼強盛。

現今被列入世界遺產的阿契美尼德波斯帝國首都波斯波利斯，也是在大流士一世時期開始興建。

但要處理國政，還是在蘇薩比較方便。

我剛剛接到了來自「王之耳」的報告，

薩第斯總督阿爾塔弗涅斯[1]大人，似乎正偷偷援助愛奧尼亞的都市米利都[2]。

米利都？

阿里司塔哥拉斯[3]！

*2 米利都：位於小亞細亞西南岸邊的古代都市。

小亞細亞面向愛琴海的地區稱為愛奧尼亞，屬於希臘各城邦的殖民地。

阿契美尼德波斯帝國

薩第斯

愛奧尼亞

米利都

雅典

希臘

斯巴達

愛奧尼亞地區內各城市雖受波斯帝國統治，但到大流士一世的時代，開始蠢蠢欲動。

阿里司塔哥拉斯曾經企圖攻打位居貿易要衝的希臘奈克索斯島，

他向阿爾塔弗涅斯借軍隊發動遠征，但最後以戰敗收場。

竟然和那種野心勃勃的傢伙聯手。

愛琴海

愛奧尼亞

雅典

米利都

奈克索斯

他擔心遭波斯帝國追究戰敗的責任，於是向希臘諸城邦尋求援助。

阿里司塔哥拉斯

阿爾塔弗涅斯啊……

難道你打算背叛帝國，投靠希臘人？

立刻告訴阿爾塔弗涅斯，不准再和愛奧尼亞的自治都市有所往來。

是。

陛下！

愛奧尼亞和雅典聯軍，正朝薩第斯發動攻擊！

阿里司塔哥拉斯叛變了！

什麼？

*3 阿里司塔哥拉斯（？～西元前497年）：米利都統治者。遠征奈克索斯島鎩羽而歸後，開始送惠受奧己己多都市

沙 沙 沙 沙

立即出動三槳座戰船*1 和騎兵隊！

是！

畢爾提亞！

這麼多年來，謝謝你一直跟隨著不具王位血統的我。

陛下……

*1 三槳座戰船：上下共配置三排划槳手的大型划槳船。船首為金屬打造，可衝撞敵船，使敵船沉沒。

接下來帝國和希臘之間，恐怕將掀起一場漫長的戰爭。

二十年前，我得到女神的啟示。

女神要我效法阿胡拉‧馬茲達神的精神，

於是我設置「王之眼」和「王之耳」，借助你們的力量來治理帝國。

這場漫長的戰爭，我們會獲得最後的勝利，

迎接理想世界的到來。

這就是後世所說的
波希戰爭*。

大流士一世於西元前486年去世，
一生的遺憾是無法親眼目睹波斯
戰勝希臘。

＊波希戰爭：阿契美尼德波斯帝國和
希臘諸城邦之間的戰爭。在西元前
500年至前449年之間共發生了三次
大戰，最終波斯帝國敗北。

這場戰爭一直持續到西元前
449年才結束。

全彩漫畫
NEW
世界歷史

1 史前時代與古代近東

深入理解漫畫內容

時代總結

本單元注意事項

1 各符號代表意義：🏛→世界遺產、📖→重要詞句、😊→重要人物、🏺→美術品、遺跡

2 重要詞句以粗體字標示，附解說的重要詞句以藍色粗體字標示。

3 同一語詞若出現在兩處以上，將依需要標注參考頁碼。參考頁碼指的是「時代總結」
中的頁碼。例：(→ p. ○○)

4 年代皆為西元年。西元前有時僅標
記為「前」。11 世紀以後的年代除
了第一次出現外，有時會以末尾兩
位數標示。

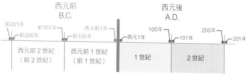

	西元前 B.C.		西元後 A.D.	
前201年 前101年 前1年		西元前1年 100年 200年		201年
前200年 前100年		西元1年 101年		
西元前 2 世紀 （前 2 世紀）	西元前 1 世紀 （前 1 世紀）		1 世紀	2 世紀

5 人物除了生卒年之外，若是王、皇帝或總統，會標記在位（在任）期間，標記方式為
「在位或在任期間○○～○○」。

6 國家或地區名稱略語整理如下：

英：英國／法：法國／德：德國／義：義大利／西：西班牙／奧：奧地利／荷：荷蘭／普：普魯士
俄：俄羅斯／蘇：蘇聯／美：美利堅合眾國／加：加拿大／土：土耳其／澳：澳洲／印：印度／中：中國
韓：韓國（大韓民國）／朝：朝鮮／日：日本／歐：歐洲

年代	近東

埃及

上埃及、下埃及合併

約前3000　埃及第一王朝

2000年

前27世紀～前22世紀　古王國
（第三～六王朝）

米坦尼

約前1500　米坦尼全盛時期

前21世紀～前18世紀　中王國
（第十一～十二王朝）

西臺

使用鐵器
約前17世紀中葉國力強盛

希伯來

前1567～前1085　新王國
（第十八～二十王朝）

1500年

圖特摩斯三世（約前1479～前1424）
阿蒙霍特普四世（約前1351～前1334）
圖坦卡門（約前1333～前1323）
拉美西斯二世
（約前1279～前1213）
約前1275（1286）卡疊石戰役
興建阿布辛貝神殿

腓尼基

約前1500　定居於巴勒斯坦

▼亞述的獵獅圖

約前13世紀出埃及

大衛王
（約前1000～前960）

國王乘坐在戰車上，正以弓箭對準獅子。（→ p.33）　©PPS通信社

☖阿布辛貝神殿

亞蘭

約前1200西頓極度繁榮

1000年

大馬士革極度繁榮

約前1000泰爾的全盛時期

所羅門王
（約前960～前922）

900年

新王國時期由拉美西斯二世興建的神殿（→ p.26）
學研資料課

分裂

猶大

以色列

800年

前722　遭亞述王國消滅

700年

合併於亞述王國

前671　臣服於亞述王國
前653　驅逐亞述人

利底亞

600年

約前630　製造出世界上第一種金屬貨幣

前586～前538
巴比倫囚虜

前525　遭阿契美尼德波斯帝國消滅

前546　滅亡

前538　由居魯士二世釋放

500年

合併於阿契美尼德波斯帝國

400年

※ 人物後的數字皆為在位期間。

		南亞·東亞	中國
			約前20世紀《史記》記載的第一個朝代夏朝建立
	古巴比倫	約前2600～前1800印度河流域文明	
	約前1894～前1595巴比倫第一王朝漢摩拉比王（約前1792～前1750）《漢摩拉比法典》	摩亨佐達羅城、哈拉帕城極度繁榮	約前16世紀殷商建國
亞述	約前1595西臺入侵	約前1500 雅利安人入侵旁遮普地區 日本繩文時代（～約前4世紀）	
		約前1000 雅利安人遷徙至恆河流域	約前1050 周滅殷商
		此時期出現種姓制度（瓦爾那制度）	
薩爾貢二世（前721～前705）	**米底亞** 前8世紀末 建國		前770 周國都東遷後史稱東周進入春秋時代
亞述巴尼拔（前668～前627）	**新巴比倫** 前625 建國 尼布甲尼撒二世（約前604～前562）		
前612 滅亡	前539 遭阿契美尼德波斯帝國消滅	前550 遭阿契美尼德波斯帝國消滅	約前551 孔子誕生
	阿契美尼德波斯帝國 居魯士二世（前559～前530）前550 建國 大流士一世（前522～前486）興建「王之道」薛西斯一世（前486～前465）	日本彌生時代（約前4世紀～後3世紀）	前403 東周後期進入戰國時代

腓尼基文字（→p.31）

©PPS通信社

腓尼基發明由22個子音組成的表音文字，透過地中海交易活動對周邊民族造成極大影響。英文字母也是源自於此。

黑海

薩第斯 ● 利底亞

萬瓦河

鹹海

裏海

尼尼微 ●
新巴倫
亞述 ●
埃克巴坦那 ●

地中海

塞易斯 ●

埃及

孟菲斯 ●
耶路撒冷 ●
巴比倫 ●
蘇薩 ●

米底亞

底比斯 ●

波斯灣

尼羅河

紅海

阿拉伯海

圖坦卡門的黃金面具（→p.26）

學研資料課

1922年，英國考古學家霍華德·卡特在底比斯以西的帝王谷，挖到圖坦卡門的陵墓，墓中有豪華的陪葬品，和戴著黃金面具的木乃伊。絕大部分法老王墓都已被盜過，唯有圖坦卡門墓依然維持著埋葬時的狀態。

伊絲塔城門

©PPS通信社

由新巴比倫王國的尼布甲尼撒二世（→p.35）所興建的巴比倫城門。

阿穆爾江

黑龍江

日本海

日本
（繩文時代）

燕

齊

黃河

晉

周　宋

吳

秦

楚

越

東海

長江

喜馬拉雅山脈

拘薩羅國

恆河

南海

摩揭陀國

湄公河

孟加拉灣

印度

印度洋

時代總結　歷史地圖

西元前6世紀的世界

懂得使用鐵器和馬匹後，各地區的經濟力和軍事力皆大幅提升，開始出現統治廣大領土的新興帝國。開創佛教的悉達多・喬達摩（釋迦牟尼）和儒家創始人孔子也誕生於這個時期。

1 人類誕生之前

地球上的生命何時出現？為什麼有這麼多種類？

❶ 地球的誕生

地球誕生於大約46億年前。剛誕生的數億年間，因為小行星和隕石不斷撞擊，地球呈現「**岩漿海**」的狀態。後來地球表面逐漸冷卻、硬化，形成了火山和盆地，大氣中的水蒸氣以降雨的方式落至地表，在大約40億年前形成原始的海洋。

▼剛誕生後不久的地球表面（想像圖）

村上金三郎

❷ 生命的起源

最初的生命起源於約40億至35億年前的原始海洋中。根據推測，最古老的生命應該是生活在不斷噴發著熱水的深海海底的單細胞細菌。後來出現了能進行光合作用的**藍綠藻**，這些藍綠藻製造出大量氧氣，促使多細胞生物誕生。

▼寒武紀海中生物──奇蝦（想像圖）

❸ 生物種類大量增加

進入地質年代[*1]古生代最初的寒武紀（約5億4200萬年前～4億8800萬年前）後，海中生物開始大量增加，此現象稱為「**寒武紀生命大爆發**」。例如

三葉蟲之類的節肢動物、水母之類的腔腸動物、旋殼貝、雙殼貝、奇蝦之類的大型肉食性動物都在這時期大量繁殖。

*1 地質年代由早期至近期，大致區分為前寒武紀時代、古生代、中生代和新生代。這些「代」若再細分，可依生物演化狀況區分為各種「紀」。例如古生代可分為寒武紀、奧陶紀、志留紀、泥盆紀、石炭紀、二疊紀。

④ 魚類的演化

寒武紀出現了一種原始的魚類，由於沒有下顎，所以被歸類為「無頜類魚」。到了大約4億1600萬年前至3億5900萬年前的**泥盆紀**，則是「魚類時代」，出現了擁有強壯下顎且頭部覆蓋著骨板的「盾皮類魚」。

▼泥盆紀的魚類（想像圖）

©PPS 通信社

陸地上的生物是如何演化而來的？

① 生物登上陸地

進入古生代的志留紀（約4億4400萬年前～4億1600萬年前）後，出現了地球上最原始的陸地植物，接著又出現最早開始呼吸空氣的陸地動物。接下來的泥盆紀，一部分魚類獲得了以肺呼吸的能力，以及能當成腳一樣使用的強壯魚鰭。這些魚類經常會登上陸地，後期則演變為**兩棲類動物**。

進入接下來的石炭紀（約3億5900萬年前～2億9900萬年前），樹狀蕨類植物形成廣大的森林，出現巨大蜻蜓之類的各種昆蟲，並誕生了長得像蜥蜴的原始**爬蟲類動物**。

▼泥盆紀河岸邊景象（想像圖）

到了古生代最後的二疊紀（約2億9900萬年前～2億5100萬年前）末期，生物大量滅絕*2，約90％的海洋生物種類都消失了。

*2 原因眾說紛紜，有人說是低溫造成海平面下降，也有人說是巨型大陸的形成導致火山活動變得激烈。

② 恐龍的時代

進入中生代的三疊紀（約2億5100萬年前～2億年前）後，出現了小型的恐龍。接下來的**侏儸紀**（約2億年前～1億4500萬年前），恐龍開始大量繁殖，且體型變得巨大。海中出現魚龍、蛇頸龍，空中出現翼龍。一部分小型恐龍演化成為鳥類的祖先（始祖鳥）。恐龍在接下來的白堊紀（約1億4500萬年前～6600萬年前）進入全盛時期，但在末期因生物大量滅絕事件[*3]而消失。

▼侏儸紀後期森林與河岸邊景象（想像圖）

至於植物的部分，銀杏、蘇鐵類植物和針葉樹之類的裸子植物形成廣大的森林。但進入白堊紀之後，被子植物崛起，取代裸子植物成為主流。

[*3] 一般認為是小行星撞擊地球造成大量粉塵，遮蔽了陽光所導致。

©Arthur Dorety/Stocktrek Images/amanaimages

③ 哺乳類的時代

哺乳類的祖先出現於中生代的三疊紀，剛開始是像老鼠一樣大的夜行性動物。在白堊紀末期發生生物大量滅絕事件時，哺乳類倖存了下來。

▼新生代登場的各種哺乳類（想像圖）

進入**新生代**（約6600萬年前～現代）後，哺乳類開始取代原本恐龍的地位。依生活環境分化出各種不同的物種，其中也包含人類。

2 人類的誕生

人類誕生於數百萬年前的非洲大陸，學會製作道具和使用語言，經過不斷演化後遷徙至世界各地。

人類如何誕生？如何演化呢？

① 猿人的出現

隨時保持**直立雙腿步行姿勢**（身體呈筆直狀態，以兩條腿行走），是人類和**類人猿**[1]最大的差別。若依照這個定義，最早的人類是大約700萬至600萬年前出現在非洲大陸的**猿人**[2]。較具代表性的猿人，是化石發現於南非、東非各地的「**南方古猿**」[3]。

[1] 如黑猩猩、大猩猩等。

[2] 大約700萬至600萬年前生存於非洲中部的查德沙赫猿人（圖邁猿人），可能已會直立行走，據推測應是目前已知最古老的猿人，但也有可能是人類和黑猩猩之間的共同祖先。

[3] 意思是「南方的猴子」。

② 開始使用道具

以直立雙腿步行的姿勢行走，有兩隻手可以自由運用，於是出現懂得使用簡單打製石器[4]（礫石器[4]）之類道具的猿人。這些猿人在製作、使用道具的過程中，智慧不斷增長，腦容量也逐漸變大。

[4] 礫石（小石塊）的一端較為尖銳的最原始石器型態。

③ 從猿人到原人

原人出現於大約240萬年前的非洲大陸。比起猿人，原人的大腦更大，能夠製作更精良的

▼猿人的復原模型

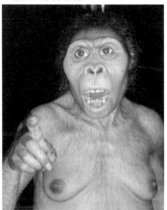

攝影：日本國立科學博物館

🔍 **用語解說**

📖 **打製石器**

利用敲打石塊所製成的石器。可分為將細薄碎片（剝片）敲掉後，使用核心部位的石核石器，以及將剝片部分加工而成的剝片石器。

▼礫石器

©PPS 通信社

打製石器。原人之中的「直立人」*5（出現於大約180萬年前），直立步行的姿勢和現代人幾乎毫無不同，能夠使用握斧*6之類的石器，自非洲大陸遷徙至歐亞大陸各地（例如印尼的**爪哇原人**、中國的**北京原人**都屬於直立人）。原人已懂得使用火來調理食物和取暖，因此能熬過寒冷的冬天。此外，原人能夠同心協力狩獵大型動物，可見已擁有簡單的語言。

▼握斧

©PPS 通信社

▼原人的復原模型

攝影：日本國立科學博物館

*5 意思是「直立的人類」。
*6 最具代表性的石核石器，形狀有橢圓形、三角形等，可用來敲打或切割，功能相當多。

現代人類何時出現？何時遷徙至世界各地？

❶ 舊人的出現

大約60萬年前，出現了更加進化的人類，腦容量和現代人幾乎沒有差別，被稱為**舊人**。最具代表性的舊人，是居住在歐洲、西亞一帶的**尼安德塔人**。

❷ 舊人的文化

舊人懂得依用途而使用各種不同的剝片石器，也能夠結伴狩獵長毛象之類的大型動物。當時的氣候相當寒冷（冰期*7），舊人因此居住在洞穴裡，並懂得將動物的毛皮穿在身上。他們會埋葬死去的同伴，可見已具備宗教觀，擁有高度的精神文化。

▼舊人的復原模型

攝影：日本國立科學博物館

*7 氣候極度寒冷，冰河擴大至中緯度地區的時期。例如新生代第四紀的更新世（約260萬～1萬年前）屬於冰河時期，這段期間便有著冰期和間冰期（氣候較溫暖、冰河萎縮的時期）明顯多次交替的現象。

❸ 新人誕生與遷徙至全世界

大約20萬年前，在非洲大陸出現了**新人**。新人和現代人一樣，屬於現存人類（智人[8]）。這群新人陸陸續續自非洲大陸遷徙至歐亞大陸各地，於4萬年前完全取代舊人。最具代表性的新人，為歐洲的**克羅馬儂人**[9]和中國的**山頂洞人**[10]。後來新人又進入南北美洲和澳洲，幾乎遍及全世界。

[8] 意思是「有智慧的人」。

[9] 屬於現存人類，化石於法國西南部發現，出現於大約4萬2000年前，在拉斯科洞窟等地留下壁畫。

[10] 發現於中國北京郊外周口店遺跡的洞窟內，剛好就在發現北京原人的洞窟上方。出現於大約3萬5000年前。

❹ 新人的文化

新人製作剝片石器的技術更加發達，還能使用以動物骨骼或角所製成的骨角器。此外，新人喉部器官出現變化，能夠使用比過去人類語言更加複雜的語言系統。當時已誕生了最古老的藝術，例如女性裸體石像、西班牙

血 拉斯科洞窟壁畫

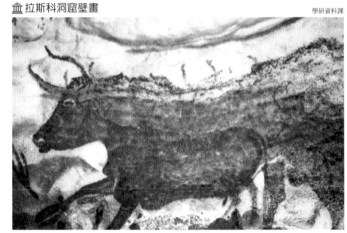

學研資料課

此壁畫位於法國西南部拉斯科洞窟內，於1940年被發現。繪製時代為舊石器時代末期，大約1萬5000年前。壁畫中將馬、野牛、鹿等動物畫得栩栩如生。

的**阿爾塔米拉洞窟壁畫**、法國的**拉斯科洞窟壁畫**血等等，據推測與祈求多子多孫和狩獵順利的宗教儀式有關。

❺ 舊石器時代

人類利用打製石器進行狩獵和採集的時代，統稱為**舊石器時代**。雖然人類已從猿人演化成為新人，但在開始使用石器之後，生活的基本模式沒有太大改變。

> 隨著地球氣候的改變，人類的生活也產生巨大變化，最後出現了國家和文明。

人類如何開始生產食物？

❶ 冰期的結束與地球環境的變化

大約1萬年前，地球因冰期結束而變得溫暖，氣候和現在大致相同。因為這個緣故，適合生活在寒冷環境的馴鹿、長毛象等大型動物不是往北遷移，就是絕種了。愛好溫暖環境的野豬、野鹿等小型動物大多動作靈活敏捷，人類為了狩獵而發明了以**細石器***11 為箭鏃的弓矢。此外，能夠作為食物的植物果實變多，且人類開始大量食用魚類、貝類等海中生物。

❷ 農耕、畜牧的起源

有些地方越來越乾燥，無論狩獵、採集或捕魚都變得相當困難。為了能夠更有效率地獲得食物，世界各地住在乾燥地區的人類開始栽種植物（農耕）和飼養家畜（畜牧）。尤其是住在「**肥沃月彎***12」（或稱新月沃土，如今的伊拉克至地中海東岸一帶）地帶的居民，早在9000年前便已開始種植麥類植物，並飼養山羊、綿羊、牛隻等家畜。

*12 此地區初期的農耕聚落遺跡有杰里科、亞爾莫等。

❸ 從舊石器時代進入新石器時代

開始農耕和畜牧之後，人類的農具、工具和武器也轉變為磨製石器 。此外，人類還發明了調理和儲藏食物用的**土器**，並懂得編絲、織

*11 小型的剝片石器。以石片、燧石等材料製成細小的工具，鑲嵌在木柄或骨柄上，狩獵、採集等都可使用，包含箭矢、小刀、鐮刀等。

🔍 用語解說

⚠️ 磨製石器

以砥石研磨成所需形狀的石器。種類五花八門，依用途而有不同形狀，如伐樹和挖土用的石斧、磨碎穀類用的石臼和石杵等等。

▼石斧

©PPS 通信社

▼石臼

©PPS 通信社

布來製造衣服。人類形成了聚落，集中生活在山丘上或河岸邊。像這樣使用磨製石器和土器，以農耕和畜牧取代採集和狩獵，並長期居住在相同地點的時代，便被稱為**新石器時代**。

④ 灌溉農業的起源

初期的農耕方式只能仰賴大自然的雨水，因此收穫量不多，而且一旦土地變得貧瘠，只能另外尋找適合耕種的土地。後來人類學會以人工方式將上漲的河水引入耕地中（**灌溉農業**），收穫量因而大幅增加。美索不達米亞（→p.15）地區的古代居民已開始大規模的灌溉農業。

▼史前時代的世界

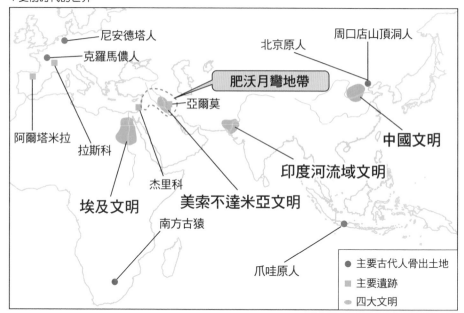

國家與文明是怎麼產生的？

① 國家的起源

人類學會以灌溉農業來生產食物後，人口數量跟著增加。不僅如此，還出現了商人、工匠、神官之類不直接從事食物生產的職業，交易和宗教的中

心地區更形成了都市。爭奪儲藏物資或土地的情況變得頻繁，在爭鬥中落敗的集團必須臣服於獲勝的集團。人類區分成了戰士、神官之類的統治階級，以及平民、奴隸[*13]之類的受統治階級，這就是國家的雛形。早期的國家是由中央的都市治理周邊的聚落和田園地帶，形成所謂的「**城邦國家**」。

[*13] 被當成物品買賣交易，被迫從事勞動，身為人類的基本自由和權利遭剝奪的人。大多是戰爭的俘虜、無法償還債務的人或罪犯。

② 文明的誕生

隨著人口的集中，技術也越來越發達，人類開始學會製造**青銅器**[*14]之類的金屬器具。不僅如此，為了方便管理農作物和稅收、留下商業紀錄，因而發明了**文字**[*15]。如此一來，便形成了文明。早期的文明有**美索不達米亞文明**、**埃及文明**、**印度河流域文明**、**中國文明**等，皆是以大河流域為發展的中心。和這些文明比起來，美洲大陸的文明[*16]則出現得較晚一些。

[*14] 以銅和錫的合金製成的道具。早期青銅器大多作為祭祀用具或武器。

[*15] 發明文字之前的時代被稱為史前時代，發明文字後且遺留下文字史料的時代，則被稱為信史時代。

[*16] 古代美洲文明包含馬雅文明、阿茲特克文明、印加文明等（見第8卷）。

人種、民族和語言是怎麼區分的？

人類在遷徙至世界各地的過程中，語言和文化也變得五花八門。將人類分門別類的方法，有**人種**和**民族**[*17]。此外，還可藉由語系的概念來歸納屬於相同系統的語言。

[*17] 人種依皮膚和眼睛顏色、毛髮等身體特徵，可區分為白人、黑人與黃種人。但以生物學的角度來看，現代人全部都是同種的「智人」。至於民族，指的則是擁有相同語言、宗教、習俗等文化特徵，或具備相同歷史背景的人類集團。

用語解說

語系

指由共通語言分化、發展而成的語言體系。主要的語系有：印歐語系（英語、西班牙語、印地語等）、漢藏語系（中國語、泰國語等）、亞非語系（阿拉伯語、希伯來語等）、阿爾泰語系（土耳其語、蒙古語等）。日語的語系目前尚無定論。

3 美索不達米亞文明

美索不達米亞大約於西元前3000年開始出現文明，接著發展成統一的國家。

美索不達米亞文明是怎麼出現的？

❶ 近東是指哪裡？

　　近東[*1]是古代羅馬人眼中位於東方的西亞、埃及一帶，約等同於現在我們所指的「中東」。這個地區從很久以前便發展出文明，擁有先進的農耕和畜牧技術。其中的**美索不達米亞**[*2]、**埃及**更是世界上最早誕生文明的土地。

[*1] 源自拉丁語中的「太陽升起的方向（東方）」。
[*2] 源自希臘語「河川之間的土地」。

▼古代近東世界

黑海
高加索山脈
裏海
安那托利亞高原
小亞細亞
底格里斯河
亞爾莫
賽普勒斯
敘利亞　馬里　美索不達米亞
地中海　敘利亞沙漠　幼發拉底河　伊朗高原
巴勒斯坦　蘇薩　札格羅斯山脈
杰里科　烏魯克　拉格什
孟菲斯　尼羅河　烏爾
阿瑪納　西奈半島　波斯灣
阿拉伯半島
埃及
底比斯　紅海　阿拉伯

■ 肥沃月彎地帶

❷ 美索不達米亞是什麼樣的地方？

　　考古學家在「肥沃月彎地帶」（美索不達米亞至敘利亞、巴勒斯坦一帶）發現了世界上最古老的農耕和畜牧遺跡。美索不達米亞地區如今幾乎都在伊拉克境內，屬於**底格里斯河**和**幼發拉底河**流域。由於山上積雪融解，每

年河川水位定期上漲，居民們發展出利用這些水來灌溉農田的技術，農業收穫量因而大幅提升。然而由於地勢平坦，耕地容易囤積鹽分，且上漲的河水經常氾濫成災。此外，由於地形開闊，吸引了來自四面八方的**閃語系**[*3]以及**印歐語系**[*4]遊牧民族或山地民族，在此地建立國家。

[*3] 又稱閃語族，指的是現在的阿拉伯語、希伯來語等語言所屬的語系。閃語系是亞非語系底下的分系之一，古代近東地區使用的阿卡德語、亞蘭語、腓尼基語皆屬於這個體系。有時我們會像這樣將使用某一體系語言的人統稱為「～語系（的民族）」。

[*4] 指的是使用印歐語系語言的人。印歐語系在古代便是相當強勢的語言體系，包含西臺語、古波斯語、拉丁語都屬於這個系統。

❸ 蘇美人建立城邦

美索不達米亞南部地區由於灌溉農業相當發達，人口持續增加，在大約西元前3500年時出現了圍繞著神殿的大型村落。銅器和青銅器逐漸普及，而且也發明了文字。

大約西元前3000年，村落更進一步發展為都市。西元前2700年時，已誕生了**烏爾**、**烏魯克**、**拉格什**等等城邦國家。建立這些都市文明的民族，是不知源自何種民族體系的蘇美人。

用語解說

📖 蘇美人

建立最古老都市文明的神祕民族。在學界成功解讀楔形文字後，關於其語言的研究不斷進步，學者們發現這種語言不同於閃語系或印歐語系，目前找不到任何相同體系的語言。

❹ 蘇美人建立城邦國家的政治與社會狀況

蘇美人所建立的各都市皆受到城牆保護，中央有著祭祀守護神的神殿和金字形神塔[*5]。這些城邦國家都有著明顯的社會階層，統治階級為神官、官員和戰士，最高級是國王。城邦裡還有專業工匠、漁夫和商人。國王就是地位最高的神官，政治型態為藉由神的名義進行統治的**神權政治**。神殿兼具經濟和交易中心的意

▼烏爾金字形神塔復原圖
學研資料課

義。就連與其他國家發生戰爭，也必須打著神的名號。

美索不達米亞文明是如何統一的？

① 阿卡德人統一美索不達米亞

蘇美人的城邦曾繁榮一時，但城邦之間大小戰爭不斷，加上周邊民族的入侵，終於逐漸沒落。西元前24世紀，更遭到**薩爾貢一世**率領的閃語系**阿卡德人***6征服。阿卡德人建立起美索不達米亞最早的統一國家，勢力遠及敘利亞。

② 巴比倫第一王朝

阿卡德人的王國於西元前22世紀滅亡，蘇美人一度重建國家（**烏爾第三王朝***7）。

但到了西元前19世紀，另一群閃語系遊牧民族**亞摩利人**自敘利亞一帶入侵，建立了以巴比倫*8為首都的**巴比倫第一王朝**（又稱古巴比倫王國）。

③ 漢摩拉比王

巴比倫第一王朝在西元前18世紀，由第六代國王漢摩拉比統一了全美索不達米亞。漢摩拉比王相當重視治水和灌溉，推動了大型運河工程。他還彙整蘇美人的法律，制定了《漢摩拉比法典》，在法律的基礎下治理這個包含諸民族的國家。但進入西元前16世紀後，西臺人入侵，消滅了巴比倫第一王朝。

*5 一種多層次磚砌結構的階梯狀建築物，頂端有神殿。由古代美索不達米亞的各城邦所建造。有學者認為《舊約聖經》中提到的巴比倫塔，其實就是添加了神話色彩的巴比倫金字形神塔。

*6 大約西元前3000年，自阿拉伯一帶遷徙至美索不達米亞平原中部定居的閃語系民族。於西元前24世紀建立了美索不達米亞地區最早的統一國家。其使用語言（阿卡德語）成為古代近東的國際通用語。

*7 約西元前2114～前2004年。初代國王烏爾那木制定了現存世界最古老的法典。

*8 位於幼發拉底河中游流域一帶。自巴比倫第一王朝建立之後，一直到西元前6世紀，都是美索不達米亞的重要都市。

 漢摩拉比王（在位期間約西元前1792～前1750年）在位期間征服周邊諸國，統一了整個美索不達米亞平原，並致力於發展治水、灌溉與工商業。

用語解說

📖 **漢摩拉比法典**

「以牙還牙、以眼還眼」的原則，是為了避免被害者過度報復。刑罰雖會因身分而不同，但沒有民族之間的差別待遇，且包含許多保護社會弱勢族群的前瞻性觀念。

第196條 若有市民戳瞎其他市民的眼睛，就戳瞎這個市民的眼睛。

第199條 若有市民戳瞎其他市民擁有的奴隸的眼睛，或是打斷奴隸的骨頭，這個市民須賠償該奴隸價格的一半。

（擷取部分內容）

使用鐵器的西臺勢力崛起，巴比倫第一王朝滅亡，近東地區陷入了數個王朝互相征伐的亂世。

西臺人是什麼樣的民族？

① 西臺王國的誕生

占現今土耳其共和國絕大部分領土的安那托利亞高原（小亞細亞），在相當古老的時期便出現了農耕和畜牧文化。大約西元前19世紀，**西臺人**遷徙至安那托利亞的中部，在西元前17世紀，建立起強盛的國家，首都為哈圖沙（土耳其現今首都安卡拉東北喬魯姆省的勃嘎卡爾村）。

▼西臺的戰車

©PPS 通信社

② 西臺的發展

西臺人不僅懂得如何利用**馬匹**拖拉**戰車**[9]，還擁有**鐵製武器**[10]。西元前16世紀，西臺人消滅了巴比倫第一王朝。在西元前14世紀時，國力達到鼎盛。西元前13世紀初入侵敘利亞，與埃及新王國的**拉美西斯二世**在卡疊石大戰一場（→p.26）。

▼西臺首都哈圖沙一處城門——獅門

© 達志影像

[9] 車輪上裝了六根輻條的輕盈兩輪戰車，比起其他地區所使用的笨重四輪戰車，在速度和機動性上都高出一截。

[10] 安那托利亞高原在很早的時期便發展出冶鐵技術，西臺人獨占了這項技術，並將其運用在軍事上。

③ 加喜特與米坦尼

巴比倫第一王朝滅亡之後，一群**加喜特人**[11]自伊朗札格羅斯山脈一帶入侵，在西元前16世紀至前12世紀掌控了美索不達米亞的南部。至於美索

[11] 加喜特人留下的文字史料大多是以阿卡德語（少部分為蘇美語）寫成，使用加喜特語的史料幾乎都沒有流傳下來，因此無法判斷其民族體系。

[12] 可信度較高的說法，是一群胡里特人（高加索諸語系的原住民族）受印歐語系民族所統治的國家。

不達米亞的北部,西元前16世紀起成立了**米坦尼王國**[*12],勢力範圍一直延伸至敘利亞,但在西元前14世紀遭西臺人攻打而逐漸衰亡。

　　以西元前15世紀來看,近東地區有西臺、加喜特、米坦尼和埃及的新王國,呈現群雄割據的狀態。

▼西元前 15 世紀的近東

4 「海上民族」與西臺王國的滅亡

　　大約西元前1200年,一群**「海上民族」**[*13]開始滋擾東地中海一帶,導致整片廣大的土地陷入了嚴重混亂。西臺因此亡國,埃及的新王國也漸趨式微。

　　西臺王國滅亡後,冶鐵技術流入周邊各民族,促使近東地區在大約西元前1000年迎接了**鐵器時代**的到來。

[*13] 這不是特定的民族稱呼,而是一群來自巴爾幹半島、愛琴海一帶的多民族聯合集團。

美索不達米亞文明的特徵是什麼?

1 宗教

　　信仰多數神祇的**多神教**,各都市皆祭祀其守護神或自然神。隨著民族的興衰輪替,凝聚最大信仰的最高神祇也會跟著改變。

❷ 文字

蘇美人發明了刻在黏土版上的楔形文字[11]。周邊諸民族的語言體系各不相同，有的屬於閃語系，有的屬於印歐語系，但這套楔形文字受到廣泛且普遍的使用。

❸ 學問與技術

為了掌握農耕時機與鋪設灌溉系統，因而發展出高度的天文學、曆法學（研究曆法的學問）和數學。採用以六十進位法為基本概念的時間和方向單位，及每七天循環一次的星期制度。

在曆法上，則使用依循月亮圓缺的太陰曆[11]，或加上有閏月的年分（閏年）來修正誤差的太陰太陽曆。此外，對法律也進行了有系統的整理，最著名的例子便是《漢摩拉比法典》。

❹ 文學

蘇美人的神話和史詩[*14]對其他民族造成非常大的影響。尤其是以烏魯克城主為主角的《吉爾伽美什史詩》，更是現存全世界最古老的文學作品。學界一般認為此作品中提到的大洪水，後來演變成《舊約聖經》（→p.32）中的「諾亞方舟」神話。

*14 記錄神話、傳奇事件或英雄事蹟的故事詩。

用語解說

！楔形文字

蘇美人從象形文字中轉化而成的文字系統。以削過的蘆葦梗或金屬棒當作筆，刻在黏土版上。接著燒烤黏土版，就可以將文字長期保存下來。同樣的文字，也被使用在阿卡德語、西臺語、亞述語和古波斯語的文獻紀錄上。楔形文字剛開始是每個字皆帶有獨自意義的「表意文字」（類似中文），但不久後就轉變為表示發音的「表音文字」（類似英文字母）。

▼楔形文字
學研資料課

用語解說

！太陰曆

以月亮圓缺為基準的曆法。此曆法一年只有354或355天，因此季節與月亮圓缺之間會逐漸產生誤差。為了解決這個問題，後人又加入太陽運行的規則，成為太陰太陽曆。具體的做法是在每19年之間加入7次閏月，加了閏月的那一年會有13個月，如此一來就可以修正誤差。從前世界上有許多地區都使用類似的曆法，例如中國的農曆、日本的舊曆、猶太曆、古希臘曆等都屬於太陰太陽曆。相較之下，伊斯蘭曆（又稱回曆、希吉拉曆）則是純正的太陰曆。

桌上遊戲從前就大受歡迎
——古代的桌遊——

↑ 正玩著桌上遊戲的埃及王后妮菲塔莉（西元前13世紀） 學研資料課

你喜歡電動玩具嗎？是否總是不自覺地沉浸在幻想的世界中？古代人沒有電動玩具，因此沉迷的是桌上遊戲。現在讓我們來瞧瞧古代有哪些「桌遊」可以娛樂。

1 古埃及的「塞尼特」

↑ 經過修復的「塞尼特」棋盤和棋子 ©PPS 通信社

「塞尼特」是古埃及的桌上遊戲，發現於大約西元前3500年的遺跡中，是目前已知世界上最古老的桌上遊戲。盤面上區分為十行三列，共有三十個方格，兩人輪流移動棋子，具有擲賽遊戲的性質。有一派說法是古埃及人將盤面當成宇宙，以此來占卜吉凶。當時的人將「塞尼特」當成陪葬品，認為它能在往生者的死亡旅途上發揮守護的效果。

2 烏爾的遊戲盤

← 烏爾的遊戲盤

盤面有二十格，使用正四面體的骰子來進行遊戲。
©PPS 通信社

根據推測，這種遊戲盤很可能出現於大約西元前2600年的蘇美城邦烏爾，後來廣泛流傳至整個美索不達米亞和埃及。道具包含棋子和骰子，是一種擲賽遊戲。

3 圍棋

圍棋使用黑棋和白棋，遊戲目標是利用自己的棋子在盤面上占據較大的空間。起源已難以考證，但據推測應出現於中國的春秋時代（西元前770～前403年）。有一派說法是圍棋原本是研擬戰術的工具，棋子代表人民，盤面代表領土。這是一種考驗高度智慧的遊戲，被譽為棋盤類遊戲的最高傑作。

©PPS 通信社

4 古印度的「恰圖蘭卡」

　　流行於古印度的棋盤類遊戲。每顆棋子各自有國王、大象、戰車、軍馬等不同的能力，遊戲者必須在棋盤上發揮這些棋子的特性，打倒對手的國王。基本的玩法必須四人同時玩。一般認為「恰圖蘭卡」流傳到歐洲，演變成現在的西洋棋。

↑ 恰圖蘭卡
各地區使用的棋子不盡相同。　　©PPS 通信社

5 中國象棋

　　「恰圖蘭卡」在唐朝（西元618年～907年）傳入中國，到了宋朝（西元960年～1276年）演變為象棋。目前全世界以象棋為樂的人超過五億，是遊玩人口最多的棋盤類遊戲。

↑ 象棋的棋盤和棋子　　©PPS 通信社

6 骰子

　　古代使用的骰子，有烏爾的正四面體骰子、埃及的棒狀骰子等等。至於現代人熟悉的正六面體骰子，則出土於印度河文明的哈拉帕遺跡中。

　　秦始皇（西元前259年～前210年）的墳墓中出土的骰子，共有十四面。漢朝（西元前202年～後220年）的骰子，更多達十八面。

↑ 以羊的腳踵骨製成的骰子　　©PPS 通信社

　　此外在西亞地區，從古至今都使用以羊的腳踵骨製成的骰子。貴族則使用以金、銀或象牙製成的骰子。

4 埃及文明

蒙受尼羅河恩惠的埃及，長久以來維持著統一的國家，人民相信法老王是天神而不是凡人。

埃及是怎麼統一的？

❶ 埃及的領土

有句俗諺說「埃及是尼羅河賜予的珍寶」[1]。每年七至十月，尼羅河的河水都會上漲與氾濫[2]，當河水退去後，就會留下適合耕種的肥沃土壤。埃及從古代便懂得利用這些土壤進行**灌溉農業**，發展出高度的農耕文明。此外，尼羅河更是聯絡南北的重要水道。

[1] 古希臘歷史學家希羅多德（約西元前484～前425年）在其著作《歷史》中的名言。

[2] 埃及的氣候一整年都很乾燥，但上游水源地的衣索比亞高原一到雨季就會下起豪雨，造成河水上漲與氾濫，為埃及帶來肥沃的土壤。

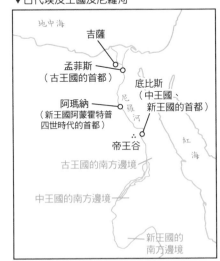

▼古代埃及王國及尼羅河

地中海
吉薩
孟菲斯（古王國的首都）
阿瑪納（新王國阿蒙霍特普四世時代的首都）
底比斯（中王國、新王國的首都）
尼羅河
帝王谷
紅海
古王國的南方邊境
中王國的南方邊境
新王國的南方邊境

❷ 從村落形成到國家統一

很久以前，就有一群古埃及語系[3]的民族在尼羅河流域建立許多村落，這些村落稱為「**諾姆**」[4]。但為了推動大規模治水與灌溉工程，以及更有效率地對用水進行共同管理，埃及人需要能夠統合眾「諾姆」的強勢領導者。在這樣的趨勢下，埃及人逐漸凝聚，終於形成位於尼羅河中游流域的王國「**上埃及**」和位於下游三角洲地帶的王國「**下埃及**」。

[3] 現今埃及人使用的是閃語系的阿拉伯語，但古埃及人使用的則是不同於閃語系的語言（屬於亞非語系中的埃及語族）。如今科普特正教會（埃及的正統基督教教會）所使用的語言，便源自於古埃及語。

[4] 隨著灌溉農業的發展，上埃及和下埃及分別形成了大約二十個「諾姆」，後來演變成為行政單位。

❸ 統一國家的建立

大約西元前3000年，上埃及征服了下埃及，比美索不達米亞地區更早實現統一。埃及周圍大部分不是海洋就是沙漠，因此較不容易受到外敵侵擾，

和平安定的統一狀態比美索不達米亞地區要長得多。

❹ 法老王的權力與三個時期

法老王中的「法老⏱」,是古埃及人對國王的稱呼。埃及實行的是專制的神權政治,法老王被視為太陽神拉的兒子,地位在所有神官、政府官員和一般民眾之上,有權力統治全部的國土和人民百姓。

古代的埃及共有三十個王朝,其中較重要的時代又可區分為**古王國**、**中王國**、**新王國**三個時期。

古王國和中王國是什麼樣的時代?

❶ 古王國

古王國為西元前27世紀至前22世紀大約500年之間,涵蓋第三王朝至第六王朝。

首都為尼羅河下游的孟菲斯,位置剛好在上埃及與下埃及的交界處附近。獨尊法老王的埃及神權政治傳統,便是建立於這個時期。

❷ 興建巨大金字塔

古王國時期的埃及人,興建了巨大的金字塔⏱。最熱衷於興建金字塔的時代是第四王朝,包括胡夫王*5金字塔在內的吉薩*6三大金字塔,都誕生於這個時期。這些金字塔與附近的獅身人面像,都象徵著法老王的強大權力。

❸ 中王國

古王國時代的末期,埃及陷入兵荒馬亂,國土也形成分裂的狀態。到了西元前21世紀,第十一王朝再度統一埃及。西元前21世紀至前18世紀屬於中王國時代,涵蓋第十一王朝與第十二王朝。

用語解說

🔲 **法老**

古埃及國王的稱號,源自於古埃及語中的「巨大的家」。這個詞原本指的是國王居住的宮殿。

🔲 **金字塔**

以石塊、磚塊堆砌而成的四角錐形建築物。除了古埃及之外,美洲的古文明也建造出類似形狀的金字塔。古埃及法老王建造金字塔,據推測是為了當作自己的墳墓(→p.28)。

🔺吉薩的大金字塔和獅身人面像

*5 約西元前27世紀的第四王朝第二代國王。

*6 位於尼羅河下游西岸的都市,與現今首都開羅隔岸相望。這裡有三大金字塔(胡夫王、卡夫拉王、孟卡拉王)和獅身人面像。

首都變為尼羅河中游的**底比斯**[*7]（現今的盧克索），這裡成為埃及的政治、宗教中心地。這個時期的王朝致力於推動中央集權，減少各地方的掌權者，讓權力集中於中央政府。

④ 西克索人侵略埃及

中王國時代的末期，西克索人（一群來自敘利亞、巴勒斯坦一帶的遊牧民族）開始入侵。他們靠著戰馬和戰車征服了埃及，為中王國時代畫下句點。西克索人對埃及的統治是以下埃及（三角洲地帶）為中心，統治期間長達一個多世紀。

[*7] 位於尼羅河中游的東岸，為中王國至新王國的政治中心。底比斯和其周邊一帶有著卡奈克神殿、盧克索神殿、帝王谷等重要遺跡群。

用語解說

📖 西克索人

以閃語系民族為主體的遊牧集團。自西元前18世紀後期開始自敘利亞、巴勒斯坦一帶入侵埃及。在西元前17世紀征服了埃及，建立第十五王朝，以下埃及為政治中心，並帶入戰馬和戰車的技術。到了西元前16世紀，第十八王朝才將西克索勢力逐出埃及。

新王國時代與後來的埃及是什麼樣的情況？

① 新王國的誕生與擴大

西元前16世紀，建立於底比斯的第十八王朝驅逐了西克索人，重新統一埃及。其後大約500年間的第十八王朝至第二十王朝，屬於新王國時期。這個時期的埃及人靠著西克索人當初傳入的戰馬和戰車技術，不斷東征西伐，積極地擴張領土。直到**圖特摩斯三世**[*8]的時代，埃及的疆域達到最大，東至敘利亞，南至尼羅河上游流域。

[*8] 第十八王朝的國王。被認為是西元前15世紀古埃及最偉大的國王。

② 阿蒙霍特普四世的時代

埃及雖為多神教信仰，但在新王國時期，埃及人主要信仰的是底比斯的守護神阿蒙。因為他們認為能夠擊退西克索人，完全仰賴阿蒙神的庇佑。負責祭祀阿蒙神的神官，在政治上的權力也與日俱增。但到了西元前14世紀，阿蒙霍特普四世（阿肯那頓）決定捨棄傳統的多神教信

👤 阿蒙霍特普四世（阿肯那頓）
（在位期間約西元前1351～前1334年）

埃及第十八王朝國王。「阿蒙霍特普」的原意為「使阿蒙神滿意」，可見他從小就被養育成為一個具有堅定阿蒙神信仰的國王。但後來他改信阿頓神，因此將名字變更為阿肯那頓（意為「為阿頓神而活的人」）。

仰，改為只信奉阿頓神。為了排除來自阿蒙神官的阻礙，他特地遷都至尼羅河下游的**阿瑪納**，並宣布阿頓神為唯一神，禁止信仰其他神明。在新的首都阿瑪納，誕生了不受傳統束縛、自由奔放、帶有寫實特性的藝術模式（**阿瑪納藝術**）。但這場信仰改革在法老王去世後便宣告失敗，到了繼任的**圖坦卡門**[*9]時代，埃及又恢復成多神教信仰。

[*9] 在位期間約西元前1333～前1323年。據推測應是阿蒙霍特普四世的姪子或兒子。

③ 第十九王朝與後來的埃及

西元前13世紀，第十九王朝的**拉美西斯二世**[*10]為爭奪敘利亞的統治權，與西臺王國交戰於**卡疊石**[*11]。後來雙方簽訂的和平條約，是現存世界上最早以文書形式締結的和平條約。

西元前12世紀，第二十王朝遭「**海上民族**」（→ p.19）侵略步上衰亡。新王國時期結束後，埃及在西元前7世紀遭**亞述王國**入侵，西元前525年又遭伊朗人（波斯人）建立的**阿契美尼德波斯帝國**所征服。雖然埃及一度復國，但西元前332年，被亞歷山大大帝征服，古埃及王國的歷史到此宣告終結。

古埃及有什麼文化特徵？

① 宗教、文字

埃及與美索不達米亞地區一樣，屬於多神教信仰。但在諸神之中，埃及人特別崇拜以隼鳥作為形象的太陽神**拉**，將其奉為主神。新王國時代，埃及人將底比斯守護神阿蒙與太陽神拉合而為一，建立起「阿蒙＝拉」的觀念。

▼阿蒙霍特普四世像
（羅浮宮美術館藏） ©PPS 通信社

阿瑪納藝術的代表性作品。以國王的臉部特徵配上自由的詮釋手法。

[*10] 在位期間約西元前1279年～前1213年。曾遠征敘利亞及尼羅河上游的努比亞，擴大了領土。此外亦興建了阿布辛貝神殿等各種宏偉建築。

[*11] 古代敘利亞地區的都市。西元前約1275年，拉美西斯二世與西臺王國的穆瓦塔里二世在此地大戰，並沒有分出勝負，後來雙方簽訂了和平條約。

用語解說

📖 木乃伊

埃及人相信靈魂會回到軀體，因此為了長期保存死者的遺體，會將遺體製作成木乃伊。埃及人製作木乃伊的手法相當高明，先將內臟取出，讓屍體呈現乾燥狀態，接著才進行防腐處理。

古埃及人相信靈魂永不消滅，並認為死後的世界是受到**歐西里斯神**所統治，因此熱衷於製作木乃伊*。他們還會製作《死者之書》*，放入墳墓內，作為帶領死者進入死後世界的嚮導手冊。

古埃及人會將「**聖書體**」文字刻在石碑、神殿或墳墓內，是一種象形文字。這種文字經過簡化，被使用在宗教書籍、行政文書和文學作品上，稱為「**僧侶體**」。到了西元前7世紀，文字經過更大幅的簡化，形成「**世俗體**」（一般人民使用的字體）。不管是僧侶體或世俗體，都寫在莎草紙*上。

1882年，法國學者商博良*12利用發現於18世紀末的**羅塞塔石碑**的碑文，成功解讀出聖書體的文字意義（→p.38）。

❷ 學問、技術

埃及人為了預測尼羅河的氾濫時期，因而制定出一年為365天的太陽曆*。後來的羅馬將軍尤利烏斯·凱撒*13便以這套曆法為基礎，制定出「儒略曆」。後人更進一步修正，成為現今使用的「格里曆」。

此外，埃及人測量土地的技術也相當發達，這套技術後來發展成為幾何學。當時埃及人採用的是十進位法。

▼為了預測尼羅河氾濫時間而設計出的水位計

據推測應出現於第二王朝時期。照片中的水位計為經過後人修復的狀態。　©PPS通信社

▼《死者之書》　　　　　　©PPS通信社

▼聖書體　　　　　　　©PPS通信社

*12 商博良（1790～1832年）：埃及學的學者。

*13 尤利烏斯·凱撒（西元前100～前44年）。古羅馬將軍、政治家。「儒略」是「尤利烏斯」的舊譯名。

用語解說

⚠ 《死者之書》

內容包括靈魂離開肉體前往死後世界的路徑圖，以及如何在死後復活的方法，還有一些保護死者不受危難的咒語。

⚠ 莎草紙

類似現代的紙，以生長於尼羅河溼地的莎草的莖所製成。但做法不像現代的紙一樣先抽出纖維，而是將莎草莖縱切後排在一起，藉由敲打或重壓的方式使其凝結成紙。莎草的英文為「papyrus」，紙的英文（paper）就是由這個字變化而來。

⚠ 太陽曆

埃及人發現天上最明亮的一顆星（大犬座的天狼星）一旦出現在日出前的東方天空上，就表示尼羅河差不多要開始氾濫了。基於這樣的規則性，埃及人逐漸推導出太陽曆，並以天狼星開始出現的日子為元旦。

金字塔的興建

↑ 左塞爾王的階梯金字塔
　　　　　　　　　學研資料課

　　金字塔作為古埃及文明的象徵性建築物，在現代可說是家喻戶曉。然而關於金字塔的種種歷史背景，卻有著許多無人知曉的不解之謎，以及鮮少有人知曉的有趣內幕。

1 金字塔建築的濫觴

　　古埃及人剛開始建造的是名為「馬斯塔巴」的墓葬建築物。這種建築由地底下的墓室和地面上的長方形平臺所組成。到了西元前27世紀，第三王朝的左塞爾王在塞加拉興建了一座有著階梯狀外觀的金字塔，考古學家一般認為這就是埃及的第一座金字塔。西元前27世紀末期，第四王朝的斯尼夫魯王興建出第一座非階梯狀的金字塔，從此揭開壯觀浩大的金字塔建築時代序幕。

↑ 斯尼夫魯王的金字塔　　　　　　©PPS 通信社

2 吉薩的三大金字塔

　　西元前26世紀，吉薩出現了三座大型金字塔。其中最大的一座，是斯尼夫魯王的兒子胡夫王的金字塔，高約147公尺，底部的一邊長約230公尺。至於其他兩座，卡夫拉王的金字塔高約144公尺，底部的一邊長約215公尺；孟卡拉王的金字塔高約65.5公尺，底部的一邊長約105公尺。這些金字塔剛興建完成時，表面都鋪上一層裝飾用的石灰石板，因此看起來光滑明亮，透著白色的光澤。值得一提的是，金字塔

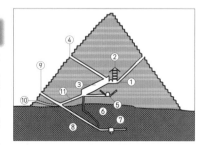

↑ 胡夫王金字塔剖面圖

①國王墓室　②減壓室　③大走廊　④通風孔　⑤王后墓室　⑥離開出口　⑦未完成的地下室　⑧下降通道　⑨入口　⑩盜墓者挖的隧道　⑪上升通道（這些名稱只是通稱，實際用途還有許多難以釐清的疑點。）

只是巨大複合式建築的一部分而已。除了金字塔之外的建築，還有葬祭神殿、河岸神殿、甬道、王后的小金字塔、船坑（放置船的洞穴）等等。

3 到底是誰建造了金字塔？

過去很長一段時間，所有人都認為金字塔是埃及人派遣奴隸興建出來的建築物。但如今這套說法已幾乎遭到全盤否定，因為古埃及社會不像古希臘或羅馬一樣盛行奴隸制度。當時的國王要推動治水工程，還是得仰賴一般的農民百姓。

而且根據調查研究，當時的政府會發給這些農民們麵包和啤酒，並非單方面的徵調奴役。因此有些學者甚至認為，建造金字塔是救濟貧困農民的一種公共事業。要蓋起如此巨大的金字塔，需要擁有專業知識和技能的技術人員和工匠，因此金字塔附近往往可以發現工人、工匠、技術人員與其家屬一同生活過的村鎮遺跡。

↑ 吉薩的三大金字塔　　　　學研資料課

4 金字塔真的是國王的墳墓嗎？

金字塔是國王的墳墓，因為金字塔的造型是由原始的墓葬建築「馬斯塔巴」演變而來，這樣的推測可說合情合理。

然而，有些學者對此抱持否定態度。因為考古學家並不曾真正在金字塔內發現國王的木乃伊，且埋葬王室成員的墳墓另有其地。不過也有學者認為，那是因為盜墓者猖獗，金字塔屢遭滋擾，所以進入新王國時代初期後，王室便不再興建金字塔作為墳墓。王室改為將國王的墳墓建造於尼羅河西岸的山谷地底下，也就是後人所稱的「帝王谷」。

↑ 出土於吉薩金字塔附近的胡夫王「太陽船」　　　©PPS 通信社

地中海東岸因位居海陸交通要地，自古便有許多人往來經商貿易，各文化間的交流相當頻繁。

5 東地中海的諸民族

亞蘭人、腓尼基人是什麼樣的民族？

❶ 敘利亞、巴勒斯坦地區

位於地中海東岸的敘利亞*1和**巴勒斯坦***2地區，是連接美索不達米亞、地中海、紅海與埃及等地的海陸交通樞紐。從古代就有很多人往來經商，在大約西元前1500年時期，以閃語系的**迦南人**最為活躍。但因遭受西臺、埃及等大國侵略，因而淪為從屬國。到了西元前1200年左右，西臺王國因「**海上民族**」（→p.19）入侵而亡國，埃及也國力大衰，閃語系的**亞蘭人**、**腓尼基人**和**希伯來人**才得到獨自發展的機會。

*1 位於地中海東岸北部地區。涵蓋範圍除了現今的敘利亞之外，還有黎巴嫩、以色列、約旦、土耳其領土的一部分。

*2 位於地中海東岸南部地區。古代稱為迦南。自從「海上民族」中的非利士人在此地定居後，才有巴勒斯坦這個稱呼。

▼古代的東地中海世界

希臘人居住地區
亞蘭人
雅典
亞述
尼尼微
西頓
亞述
腓尼基人
泰爾
大馬士革
巴比倫
耶路撒冷
以色列王國
猶大王國
埃及
（新王國）
地中海
紅海

大衛王、所羅門王時代的希伯來王國（約西元前922年分裂）

❷ 亞蘭人

在大約西元前1200年，亞蘭人以敘利亞的大馬士革 為中心建立了許多小王國。亞蘭人擅長組織駱駝商隊，從事內陸的中繼貿易，當時相當活躍。在經商過程中，亞蘭語逐漸成為近東世界的國際商業用語。後代西亞和中亞地區的許多文字，都由亞蘭文字演化而來。

用語解說

🏛❗ **大馬士革**

連接埃及、美索不達米亞、安那托利亞、阿拉伯等地的交通要衝，自古代便相當繁榮，是目前現存世界上最古老的城市之一。舊市區的歷史性建築物在1979年以「古都大馬士革」之名列入世界文化遺產。

❸ 腓尼基人

腓尼基人曾在地中海沿岸地區建立西頓、泰爾等古代城邦。他們能利用黎巴嫩雪松製造船隻，且擁有高明的航海技術。在克里特文明、邁錫尼文明都已式微的西元前12世紀，地中海的貿易活動可說是由腓尼基人一枝獨秀，他們還在北非建立起**迦太基**等殖民城市。值得一提的是，腓尼基人根據迦南人的**表音文字**發明了腓尼基文字。這套文字系統傳入希臘，最後演變成現代的**英文字母**[*3]。

> [*3] 亞蘭文字與希臘文字皆源自腓尼基文字，而希伯來文字與阿拉伯文字又源自於亞蘭文字。腓尼基文字只能標示子音，無法標示母音。希臘人於是加入標示母音的文字，建立起一套完整的字母。後來的拉丁文字（羅馬文字）、俄羅斯文字都源自於此。

希伯來人信仰的猶太教是什麼樣的宗教？

❶ 希伯來國家的興衰

希伯來人[*4]原本在幼發拉底河的上游過著遊牧生活。大約西元前1500年，他們定居在巴勒斯坦地區。之後其中一群人遷徙到埃及，卻在埃及新王國的欺壓下飽受痛苦。西元前13世紀，**摩西**帶領希伯來人逃離埃及（後世稱為

▼摩西帶領希伯來人出埃及的情況（電影《十誡》劇照）

©PPS 通信社

「**出埃及**」[*5]），回到巴勒斯坦地區居住。大約西元前1000年，希伯來人建立起統一的**希伯來王國**，以**耶路撒冷**為首都，在**大衛王**[*6]和其兒子**所羅門王**[*7]的時代相當繁榮。

> [*4] 「希伯來人」是其他民族對這些人的稱呼，意思是「渡河（幼發拉底河）而來的人」。他們稱呼自己為「以色列人」。而自從巴比倫因虜事件後，他們又常被稱為「猶太人」。

*5 離開埃及的途中，耶和華神將摩西呼喚至西奈山的山頂上，將《十誡》（十條戒律）傳給他，其中包含「除了耶和華之外不得有別的神」、「不得製造及崇拜偶像」等等，這些戒律成為猶太教的教義基礎。

*6 在位期間約西元前1000～前960年。定都耶路撒冷，打敗了非利士人，擴張王國勢力。

*7 在位期間約西元前960～前922年。大力推動通商，並興建了巨大的神殿和宮殿，塑造出「所羅門的繁榮景象」，但百姓卻飽受沉重稅賦之苦。

② 國家分裂與希伯來人的辛酸

約西元前922年，所羅門王去世，希伯來王國分裂為北邊的**以色列王國**，和南邊的**猶大王國**。

北邊的以色列王國在西元前722年遭亞述王國（→p.33）消滅。至於南邊的猶大王國，則在西元前586年遭新巴比倫王國（→p.34）的**尼布甲尼撒二世**消滅。此時許多希伯來人被強擄到巴比倫（巴比倫囚虜*）。到了西元前538年，**阿契美尼德波斯帝國**（→p.35）的**居魯士二世**消滅新巴比倫王國，這群希伯來囚虜才獲得解放。

③ 希伯來人與猶太教

希伯來人只信仰耶和華神。這種在古代近東地區相當罕見的一神教信仰，起源於摩西帶領眾人逃離埃及的煎熬時期。接著，希伯來人又經歷了國家滅亡與巴比倫囚虜事件等折磨，因而出現了只有與神定下特別約定的希伯來人（猶太人）才能得救的「**選民思想**」，以及期待**救世主**（彌賽亞）出現的教義。

從巴比倫獲得解放後，猶太人回到耶路撒冷，重建耶和華神殿，**猶太教**就此誕生。在這段時間裡，他們的聖典《舊約聖經》*被彙整成冊。猶太教的出現，對後來的**基督教**與**伊斯蘭**有著極深遠的影響。

用語解說

📖 巴比倫囚虜

發生於西元前586～前538年。對希伯來人（猶太人）而言是一段悲慘的受難經歷，但民族也因此凝聚了向心力。《舊約聖經》的許多內容皆源於這個時期，由此建立起一神教信仰。

📖 《舊約聖經》

彙整於西元前10世紀～前1世紀的猶太教聖典。內容包括天地創造等神話和傳說、歷史故事、神的命令和誡律、讚美神的詩歌、先知的教誨等等。所謂的「舊約」，指的是「從前與神的約定」。不過這是站在基督教立場的稱呼，因為基督教還有另一部記錄耶穌教誨的《新約聖經》。

6 古代近東的統一

西元前7世紀後，開始出現統一整個近東的「世界級帝國」。

最早統一近東的是什麼國家？

❶ 亞述王國的建立

西元前2千年紀[*1]初期，一群閃語系民族在北美索不達米亞建立了**亞述王國**，並以底格里斯河中游流域的亞述為首都。這群民族擅長內陸的中繼貿易，往來於巴比倫尼亞、小亞細亞（安那托利亞）等近東各地區，曾經相當繁榮，但在西元前15世紀一度降服於米坦尼王國（→p.19）。

[*1] 千年紀：以1000年為單位的年代標注方式。例如西元前2千年紀，指的是西元前2000年～前1001年。

❷ 亞述王國的擴大與「世界級帝國」的誕生

亞述在成功獨立之後，大約西元前9世紀起，成為一個擁有鐵製武器和戰車的強大軍事國家，並開始向外擴展領土。到了西元前8世紀後期，亞述王國消滅了以色列王國（→p.32），勢力延伸至敘利亞、巴勒斯坦地區。西元前7世紀前期，又征服了埃及，統一了自美索不達米亞至埃及的大部分近東主要地區。藉由占領廣大的領土，統治各式各樣的民族，成為「**世界級帝國**」。

❸ 亞述帝國的統治

西元前8世紀末開始，亞述王國將首都遷至**尼尼微**[*2]。帝國全盛時期（西元前7世紀）國王**亞述巴尼拔**[*3]在此地建設了大型圖書館，收藏大量的楔形文字黏土版。

血 亞述遺跡　　　　學研資料課

位於現今伊拉克北部。照片中像山丘一樣的建築，是為迎接天神降臨而建造的磚塊建築「金字形神塔」。

[*2] 位於現今伊拉克北部，底格里斯河的東岸。除了宮殿遺跡之外，並出土了大量黏土版史料。

[*3] 在位期間西元前668～前627年。曾遠征埃及和埃蘭（位於伊朗高原西南邊的王國），在位期間帝國疆域達到最大。

亞述帝國將領土區分為許多省，並派遣總督前往統治，並以驛站制度連結首都與各地方。帝國統治各民族採用極為嚴苛的政策，不僅課以重稅，且往往將征服地的居民強制移往其他地區。這樣的政策不僅削弱各民族的實力，避免發生叛亂，還將勞動人口隨心所欲地移動至全國各地。

然而，亞述帝國的高壓統治卻引起巨大的反彈聲浪。不久之後各地都起義造反，諸民族相繼獨立。到了西元前612年，首都尼尼微淪陷，亞述帝國滅亡。

📍
用語解說

(!) **驛站制度**

在道路上每隔一定距離便設置驛站，提供馬匹、馬車和人員，讓消息傳遞能夠毫無窒礙的制度。除了古代近東地區的世界級帝國之外，中國也建立了類似的系統，並曾隨著律令制度傳入日本。

亞述滅亡後的近東是什麼狀況？

① 四王國分立

亞述以「世界級帝國」姿態統治近東的時期相當短，近東在西元前612年之後分裂成**埃及**、**米底亞**、**利底亞**、**新巴比倫**（迦勒底）四個王國。

▼四王國時期的近東地圖

② 埃及與米底亞

埃及在西元前7世紀中葉脫離亞述，建立第二十六王朝，定都於尼羅河河口附近的塞易斯。此時期埃及流行模仿古王國的復古主義藝術。

印歐語系的米底亞人則在伊朗高原建立王國，定都於埃克巴坦那。米底亞與新巴比倫締結同盟，聯手消滅了亞述，勢力延伸至小亞細亞的東部。

③ 利底亞與新巴比倫

在小亞細亞，另一群印歐語系民族建立了利底亞王國，定都於薩第斯。利底亞人藉由貿易變得繁榮，製造出世界上最古老的金屬貨幣。

在美索不達米亞，閃語系的迦勒底人在西元前625年以巴比倫為首都，建立了新巴比倫王國。新巴比倫消滅了亞述，第二代國王**尼布甲尼撒二世**[*4]的時期，國力更加強盛，消滅了猶大王國，實施**巴比倫囚虜**（→p.32）政策。

[*4] 在位期間西元前604～前562年。在巴比倫推動大規模建築工程，為伊絲塔城門等著名建築物的下令建造者。

▼利底亞王國使用的金屬貨幣

©PPS 通信社

用語解說

⚠ **貨幣**

古人原本是靠以物易物的方式進行交易，但隨著交易行為越來越頻繁，開始出現一些交易上的媒介物品，這些物品統稱為貨幣。剛開始的貨幣，是貝殼、石頭之類的自然物，或穀類、布疋、家畜等常見商品。隨著時代演進，世人開始將金、銀、銅等具有價值的金屬當成貨幣。這類金屬貨幣剛開始以秤重方式來決定價值（秤量貨幣），到後期變成將金屬鎔化後鑄造成相同重量的金屬板（鑄造貨幣）。到了西元前7世紀，利底亞王國開始使用金銀合金的鑄造貨幣，希臘和阿契美尼德波斯帝國也相繼模仿。

阿契美尼德波斯帝國如何統治近東？

❶ 阿契美尼德波斯帝國再次統一近東

印歐語系的**伊朗人（波斯人）**原本受**米底亞王國**統治，到了西元前550年，阿契美尼德家族的**居魯士二世**[*5]推翻米底亞，開創了**阿契美尼德波斯帝國**。他擊潰利底亞，征服了小亞細亞，並在西元前539年進一步擊敗新巴比倫，攻入其首都，隔年釋放了巴比倫囚虜事件（→p.32）中遭俘虜的猶太人。第二代國王**岡比西斯二世**[*6]更於西元前525年征服埃及，再次統一近東。

[*5] 在位期間西元前559～前530年。原本只是從屬於米底亞王國的小國國王，後來陸續消滅米底亞、利底亞和新巴比倫，建立起強大的帝國。

[*6] 在位期間西元前530～前522年。居魯士二世的兒子。

❷ 大流士一世的時代

到了第三代國王大流士一世♣的時代，阿契美尼德波斯帝國成為東至印度河、西至愛琴海北岸的巨大帝國。大流士一世將領土劃分為二十多個省，各省委由總督♠進行統治。大流士一世又培養一批直屬於國王的官吏，稱為「王之眼」與「王之耳」♠，負責監視總督與蒐集各地情資。此外，大流士一世還致力於建設

大流士一世
（在位期間西元前522年～前486年）

父親不是國王，而是從屬省的省長。在第二代國王死後，藉由鎮壓叛亂而登上王位（另有一說是篡奪王位）。阿契美尼德波斯帝國的領土在大流士一世時期達到最大，並建立起完善的行政體系。曾遠征希臘（波希戰爭，第一回於西元前492年，第二回於西元前490年），卻以失敗收場。

長距離的國家道路,稱為「**王之道**」,在途中安排**驛站**,使首都與地方之間的軍隊移動和資訊傳遞能夠更加敏捷迅速。不僅如此,他還發行金幣和銀幣,建立稅賦制度,並妥善保護腓尼基人的海上交易及亞蘭人的內陸交易。

大流士一世在統治上可說相當寬大,臣服的諸民族雖然負有兵役和納稅的義務,但能夠保留各自的法律與宗教。亞述帝國正是因為統治異族太過嚴苛才導致滅亡,大流士一世從中學到教訓。

用語解說

(!) 總督

阿契美尼德波斯帝國國王所任命的各省省長,主要任務為徵稅和維持治安。初期不允許父親將職位傳給兒子(世襲),但後期逐漸演變為世襲制,發生叛亂的情況也越來越多。

(!) 「王之眼」「王之耳」

「王之眼」是巡迴各地監督省務行政的官員,「王之耳」則是調查總督平日舉動的密探。這些人員皆直屬於國王,成為鞏固中央集權制度的一股力量。

阿契美尼德王波斯帝國以蘇薩為行政上的首都,但大流士一世又下令建設**波斯波利斯**,作為新年時舉行儀式的神聖之都。

❸ 波希戰爭與其後發展

西元前5世紀前期,大流士一世及其兒子第四代國王薛西斯一世[*7]都曾遠征希臘,但最後都鎩羽而歸(**波希戰爭**,見第2卷)。其後阿契美尼德波斯帝國的政權一直屹立不搖,但到了西元

血 波斯波利斯　　　　　　　　學研資料課

位於現今伊朗西南部。遺跡中最大的屋內空間為邊長60公尺的正方形大廳,共有36根圓柱。

前5世紀末期,不僅埃及獨立,且頻頻發生總督叛亂的狀況。西元前330年,阿契美尼德波斯帝國遭亞歷山大大帝的遠征軍消滅(見第2卷)。

▼阿契美尼德波斯帝國的最大領土

黑海　拜占庭　裏海　巴克特拉　雅典　薩第斯　尼尼微　斯巴達　米利都　埃克巴坦那　阿契美尼德波斯帝國　地中海　大馬士革　巴比倫　蘇薩　孟菲斯　耶路撒冷　波斯波利斯　底比斯　貝希斯敦　紅海　波斯灣　—— 王之道

[*7] 在位期間西元前486年～前465年。曾鎮壓埃及、巴比倫尼亞的叛亂。其後又發動希臘遠征,但最後還是失敗。

阿契美尼德波斯帝國的文化與宗教特徵為何？

1 諸民族文化大融合

阿契美尼德波斯帝國對異族採取寬容政策，因此國內諸民族文化出現融合現象，尤其是建築和工藝上誕生了相當優秀的作品，其中最著名的便是壯觀的波斯波利斯城市遺跡。

▼古代波斯文字
©PPS 通信社

大約西元前5世紀的文字，出土於波斯波利斯。

2 語言和文字

阿契美尼德波斯帝國使用的語言不止一種，除了作為官方語言的**波斯語**之外，還有巴比倫尼亞語、國際商業通用的**亞蘭語**等。此外，為了記錄波斯文字，他們將楔形文字簡化，創造出**波斯文字**。

3 瑣羅亞斯德教

大部分阿契美尼德波斯帝國的伊朗人都信仰瑣羅亞斯德教[1]（祆教、拜火教）。在其教義裡，世界是至高善神（光明）阿胡拉·馬茲達與萬惡魔王（黑暗）阿里曼打得難分難解的戰場，在最後一刻會出現救世主，將罪惡消滅。人類必須接受最後的審判，善人能在天國獲得永恆的生命。這樣的觀念對猶太教和基督教皆造成深遠的影響。瑣羅亞斯德教亦曾傳入南北朝時代的中國，在當時被稱為祆教。

用語解說

[1] 瑣羅亞斯德教（祆教）

古代波斯宗教家瑣羅亞斯德創立的宗教。關於成立時期有兩派說法，一說是西元前7世紀，另一說則是西元前1200年，目前尚無定論。教義中包含善惡二元論與「最後的審判」，後者對猶太教和基督教造成影響。信徒膜拜神聖之火，認為火焰是「善」與「光明」的象徵，因此又被稱為「拜火教」。伊朗轉變為伊斯蘭教國家之後，信徒們遷徙至印度西海岸，依然謹守著信仰。

▼瑣羅亞斯德教的儀式

©PPS 通信社

祭司在念誦禱文時，必須戴上口罩以避免褻瀆聖火。禱文可藉由聖火傳達至神的耳中。

古代文字的解讀

古代文字看起來就像奇妙的紋路或圖案，激發著現代人的興趣和想像力。這些文字的意義如何被解讀出來？讓我們以埃及聖書體和楔形文字為例。

↑ 科潘遺跡（宏都拉斯）的文字　　學研資料課

1 埃及聖書體的解讀

1799年拿破崙遠征埃及時，在尼羅河河口的羅塞塔村內發現了一座高約1公尺的黑色石碑（見第7卷）。這座石碑上，上層刻著古埃及的聖書體，中層刻著埃及世俗體，下層刻著希臘文字。後來法軍敗給了追趕而來的英軍，這座石碑也成為英軍的戰利品，被搬運至倫敦的大英博物館。碑文的拓本被大量複製，許多學者都試圖解讀出聖書體的意義，卻沒有一個人成功。

商博良（1790～1832年）出生於南法的書商之家，他發現聖書體的圖形文字不僅是表意文字，還可以當成表音文字使用，而且幾乎只有子音。接著，他花了十三年的時間，於1822年成功解讀出聖書體文字。後人將這一年稱為「埃及學誕生之年」。這座碑文記錄的是西元前196年，

↑ 羅塞塔石碑的部分碑文　　學研資料課

托勒密王朝的托勒密五世（在位期間約西元前205～前181年）時期，一群神官聚會討論的內容。包含讚頌國王功績，以及議定神殿與祭典相關事宜。托勒密王朝是亞歷山大大帝的部下所開創的王朝，這時期正苦惱於埃及人的叛亂。碑文上除了統治階級使用的希臘文之外，還刻上埃及的聖書體與世俗體，或許是為了拉攏埃及的民心。

2 楔形文字的解讀

蘇美人所發明的楔形文字，在美索不達米亞地區有著3000年的使用歷史，早在17世紀就受到歐洲人關注。18世紀末期，位於伊朗的波斯波利斯遺跡的刻文拓本還曾出版成冊。德國高中教師格羅特芬德藉由對照希臘史書，解讀出刻文中的國王名稱，並於1802年發表。

↑ 波斯波利斯遺跡刻文　　©PPS 通信社

↑ 貝希斯敦山崖上的岩壁浮雕及碑文
　　　　　　　　　　　©PPS 通信社

英國人亨利‧羅林森以東印度公司職員身分前往印度，於1835年成為波斯的軍事顧問。他在伊朗西部的貝希斯敦山崖上發現了刻著楔形文字與浮雕的岩壁，於是爬上高聳陡峭的山崖，冒著生命危險抄下碑文，解讀了楔形文字。1857年，包含羅林森在內的四名學者的解讀結果相符，正式進入翻譯階段。後人將這一年稱為「亞述學（古代美索不達米亞研究）起步之年」。

↑ 貝希斯敦碑文的摹本　　©PPS 通信社

楔形文字並不像英文字母各自代表單一的子音或母音，而是由子音和母音搭配而成。此碑文的內容為紀念阿契美尼德波斯帝國全盛時期的大流士一世（在位期間西元前522～前486年）的功績。

1901年，法國調查團在伊朗古都蘇薩發現了一座石柱，上頭以楔形文字刻著阿卡德語的《漢摩拉比法典》。這部法典是由重建美索不達米亞的漢摩拉比王（在位期間約西元前1792～前1750年）所制定，內容包含刑法、商法與民法，共有282項條文。石柱上半部刻了兩個人物，站在左側的是漢摩拉比王，坐在右側的是太陽神沙瑪什。

← 刻著《漢摩拉比法典》的石柱
（羅浮宮美術館）
學研資料課

印章的發明

©PPS 通信社

　　印章與我們的生活息息相關，例如收掛號信或包裹時就得用到，相信每個人都不陌生。現在讓我們來瞧一瞧印章由來的歷史。

1　古代美索不達米亞的蓋壓式印章

　　古代美索不達米亞的居民習慣為放置物品或信件的容器蓋上蓋子後，以繩索綁住，並在繩結上黏一塊土，蓋上自己的印章。這種蓋封印的手法，早在西元前5000年便已出現。

　　這塊黏土稱為「封泥」，可說是最原始的封印形式。由於壓在黏土上的圖紋一旦乾燥就無法變更，因此廣泛被使用在生產物的保管和交易上。

　　舉凡袋子、簍子、裝液體的壺、倉庫的大門等等，隨處都可以使用封泥。

　　隨著時代演變，世人漸漸以「封蠟」取代「封泥」。即使是現代，封蠟還是可見於酒瓶、香水瓶或信封上。

←↑ 各種使用封泥的舉例
©PPS 通信社

↑ 美索不達米亞的蓋壓式印章　　©PPS 通信社

2　滾筒式印章——邊滾邊蓋的印章

　　大約西元前3200年，烏魯克等都市開始使用滾筒式印章。由於是以滾動的方式留下圖紋，因此可以蓋在彎曲的表面上。

　　古代人在封泥上蓋章，是為了標示內容物或負責人員，為此也設計出各種圖紋樣式，而這些圖紋樣式後來發展成為楔形文字。

↑ 美索不達米亞的滾筒式印章
©PPS 通信社

國家圖書館出版品預行編目（CIP）資料

NEW全彩漫畫世界歷史・第1卷：史前時
代與古代近東／南房秀久原作；近藤二郎
監修；加藤廣史漫畫；李彥樺、卓文怡翻
譯.-- 初版.-- 新北市：小熊，2017.03
192面；15.5×22.8公分.
ISBN 978-986-93834-5-5 (精裝)
1.世界史　2.石器時代　3.漫畫
711　　　　　　　　　　　　105024881

史前時代與古代近東

監修／近藤二郎　漫畫／加藤廣史　原作／南房秀久　翻譯／李彥樺、卓文怡　審訂／翁嘉聲

總編輯：鄭如瑤｜文字編輯：蔡凌雯｜顧問：余遠炫（歷史專欄作家）
美術編輯：莊芯媚｜印務經理：黃禮賢

社長：郭重興｜發行人兼出版總監：曾大福
業務平臺總經理：李雪麗｜業務平臺副總經理：李復民｜實體通路協理：林詩富
網路暨海外通路協理：張鑫峰｜特販通路協理：陳綺瑩
出版與發行：小熊出版・遠足文化事業股份有限公司
地址：231 新北市新店區民權路 108-2 號 9 樓
電話：02-22181417 ｜傳真：02-86671851 ｜客服專線：0800-221029
劃撥帳號：19504465 ｜戶名：遠足文化事業股份有限公司
E-mail：littlebear@bookrep.com.tw ｜ Facebook：小熊出版
讀書共和國出版集團客服信箱：service@bookrep.com.tw
讀書共和國出版集團網路書店：http://www.bookrep.com.tw
團體訂購請洽業務部：02-22181417 分機 1132、1520

法律顧問：華洋法律事務所／蘇文生律師
印製：凱林彩印股份有限公司
初版一刷：2017 年 3 月｜初版十八刷：2021 年 1 月
定價：450 元 ｜ ISBN：978-986-93834-5-5

Gakken Manga NEW Sekai no Rekishi 1Kan
Senshi Jidai to Kodai Oriento
© Gakken Plus 2016
First published in Japan 2016 by Gakken Plus Co., Ltd., Tokyo
Traditional Chinese translation rights arranged with Gakken Plus Co., Ltd.
through Future View Technology Ltd.

小熊出版官方網頁　　小熊出版讀者回函

世界歷史 對照年表 ②

● 這是一個能讓讀者大致掌握世界歷史脈動及演變的年表。為了能淺顯易懂，在國家與時期部分做了省略整理，並非全部羅列。

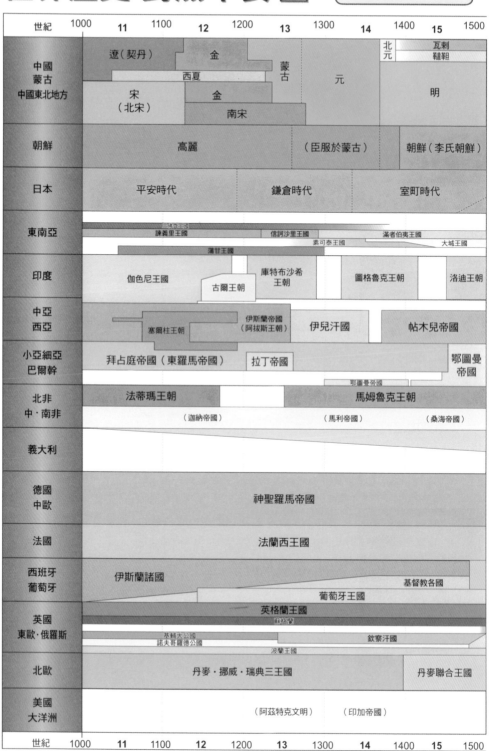

世紀	1000	11	1100	12	1200	13	1300	14	1400	15	1500

中國
蒙古
中國東北地方

遼（契丹）　金　蒙古　元　北元　瓦剌　韃靼
西夏
宋（北宋）　金　南宋　明

朝鮮：高麗　（臣服於蒙古）　朝鮮（李氏朝鮮）

日本：平安時代　鎌倉時代　室町時代

東南亞：三佛齊王國　諫義里王國　信訶沙里王國　滿者伯夷王國　素可泰王國　大城王國　蒲甘王國

印度：伽色尼王國　古爾王朝　庫特布沙希王朝　圖格魯克王朝　洛迪王朝

中亞
西亞：塞爾柱王朝　伊斯蘭帝國（阿拔斯王朝）　伊兒汗國　帖木兒帝國

小亞細亞
巴爾幹：拜占庭帝國（東羅馬帝國）　拉丁帝國　鄂圖曼帝國　鄂圖曼帝國

北非
中・南非：法蒂瑪王朝　馬姆魯克王朝　（迦納帝國）　（馬利帝國）　（桑海帝國）

義大利

德國
中歐：神聖羅馬帝國

法國：法蘭西王國

西班牙
葡萄牙：伊斯蘭諸國　基督教各國　葡萄牙王國

英國
東歐・俄羅斯：英格蘭王國　蘇格蘭　基輔大公國　諾夫哥羅德公國　波蘭王國　欽察汗國

北歐：丹麥・挪威・瑞典三王國　丹麥聯合王國

美國
大洋洲：（阿茲特克文明）　（印加帝國）

世紀	1000	11	1100	12	1200	13	1300	14	1400	15	1500